ANTIPASTO
アンティパストの技術

旭屋出版

アンティパストの魅力充実で、お客をもっと呼べる店に

Antipasto。
「Anti-」は、「前」を意味するラテン語が語源の接頭語。そして「pasto」は「食事」。つまり、「食事の前に出されるもの」。だから日本語では「前菜」と訳されます。

前菜には、パスタやメイン料理の前の"軽い腹ごなし"の意味もありますが、そうした考え方ではとらえきれないほど、イタリア料理の前菜は幅広く、魅力的です。ハムやソーセージのようにそれだけで一つの食文化となっているものもあれば、料理としても作り置きの冷製や、温かい前菜もあり、各地には多彩な伝統料理もあります。そして店ごとにも、独自の前菜があります。

ワインが普及して以来、ワインを特別な酒としてではなく、気軽に楽しみたいというお客が一般的になりました。一方でアルコール離れが叫ばれているだけに、イタリア料理店をはじめ、バルやワインバー、ピッツェリアなどでも、前菜の料理を充実させワインを注文したくなる店にすることが、これまで以上に必要になってきています。
長くお客に支持され、広く人気を集める店には、前菜料理に魅力のある店が多いもの。そうした店では、ワインを楽しませるだけでなく、次の料理への期待感を持たせ、感動を与え、次回の来店にまでつなげる料理として、前菜を考えています。

本書では、老舗のイタリア料理店から新進気鋭の人気店まで、多彩な店のシェフに登場していただき、前菜の調理技術に加え、前菜に対する考え方も語っていただきました。
人気店の前菜の技術、考え方を、お店の前菜やワインのおつまみのヒントにしてください。

旭屋出版　編集部

CONTENUTO

目次

003 アンティパストの魅力充実で、お客をもっと呼べる店に

009 本書をお読みになる前に

010 "RISTORANTE AL PONTE"
.........イタリア文化をベースに、一皿の中に物語性を加えた前菜を

012 真ダコのサラミ グリーンソース

014 スモークサーモンとアボカドのサラダ 白子のパンナコッタ風

016 エスカルゴの衣揚げとひよこ豆のパネッレ

018 赤ピーマンのインヴォルティーニ オレンジ風味

020 野菜のスカペーチェ（甘酢ソース）

022 鉄板焼きのトミーノチーズと3色ポテトのガレット

024 カリフラワーのクネル 白トリュフ風味
パルミジャーノのチャルダ添え

026 ウサギのテリーヌ 大理石仕立て バルサミコ酢のゼリー添え

028 低温調理した牛肉のハム

030 レモンの葉で焼いたポルペティーネ

032 "RISTORANTE Le Acacie"
..........素材や調理法も冒険もできる前菜は、「郷土料理」をベースに

034 トリッパのオーブン焼き

036 仔牛のトンナート カラスミ添え

038 白子が入った真鱈のマンテカート 里芋のフリコ添え

040 平貝のクルード トリコローレ風

042 イカ墨の焼きリゾットと墨イカの炙り焼き

044 毛蟹とインサラータ・ルッサ

046 車エビとホタテ貝の白ワイン蒸し 赤ピーマンソース

048 アワビとなすのインヴォルティーニ

050 ヒラメのカルパッチョ ディル風味

052 バーニャカウダ

004 • CONTENUTO

054 "**Angela** 神楽坂"

..........毎日変わる前菜で飽きさせない。デリを前提にした調理法も

056 スモークカジキのカルピオーネ

058 鶏モモ肉と栗とマスカルポーネ アマレット風味

060 飯ダコのサンタルチア（溺れダコ）

062 トマトとモッツァレラと青なすのサラダ

064 里芋と春菊とアンチョビのポテトサラダ

066 カポナータ

068 牡蠣2種 ブッディーノとバストーネ

070 鹿児島産豚ホホ肉のバルサミコ酢煮

072 サバのヴァポーレ

074 カリフラワーとパンチェッタのズッパ

076 "**Taverna I**"

..........タヴェルナの前菜は、ワインが進む味、手軽で印象的な料理

078 魚介のボイル 茹で玉子のフィレンツェ風ソース

080 ムール貝のスカモルツァチーズ詰めパン粉焼き

082 イワシのボンバ

084 バッカラのグラタン

086 ツナのスプモーニ

088 塩パンナコッタ ウニとじゅんさいを添えて

090 パルミジャーノのプリン

092 干し柿のゴルゴンゾーラチーズ詰めフリット

094 鴨のムース マルサラ酒のゼラチン添え

096 リードヴォーのマリネ

098 "Ristorante **Ogawa**"
..........地元・埼玉産の素材で、視覚でも味覚でも楽しませる前菜に

100 真鯛のサルティンボッカ スティッキオのパルス風味添え

102 天然ヒラメのカルパッチョ キャビア添え

104 ハマチのソットアチェート 自家製ピクルスとハーブのサラダ添え

106 函館産生ホッケとオレンジのサラダ サンブーカ風味

108 伊勢エビのカタロニア風サラダ コライユのアクセント

110 函館産エゾアワビのオーブン焼き
シブレットとエシャロットバター風味

112 白とうもろこし「ピュアホワイト」のクレーマ ズワイ蟹の炙り添え

114 カルチョーフィのクレーマ 生ハムで巻いたスカンピ添え
かぼちゃとタレッジョのアクセント

116 埼玉美里産ダチョウフィレ肉のタルタル にんにくの芽のブレゼ
トリュフと烏骨鶏卵黄添え

118 鴨とルーコラのサラダ バルサミコ酢と粒マスタードのソース

120 "Cucina Italiana Ristorante **CASTELLO**"
..........前菜の魅力は、常連客の獲得にもつながる重要な要素になる

122 甘いトマトのジュレ 蟹とトマトのエスプーマを添えて

124 白イカのタルターラ バジリコとアンチョビ風味

126 金谷であがったスカンピ 赤ピーマンとゴルゴンゾーラのソース

128 大原産サザエのつぼ焼き
ペペロンチーノ入りアマトリチャーナソース

130 厚岸産牡蠣の赤いワインビネガー 海の幸の香り

132 千倉産アワビのソテー 利尻昆布のタプナータ

134 いろいろな茸のフリッタータ

136 シャラン産 鴨のアフミカートとポルチーニ茸のパテ

138 薄切りにした牛フィレ肉のタリアータ 2種のルーコラペースト

140 カルボナーラの冷製 トリュフがけ

142 "Delica and Ristorantino Italiano **La Farfalla**"

..........旬の食材をイタリアの技法で工夫し、常連客を飽きさせない

144 トルタ・サラータ・ディ・サルモーネ

146 浜名湖産ウズラ卵の白トリュフ風味 オーブン焼

148 フリッジョーネ（玉ねぎとトマトのペースト）とモルタデッラのムースの
クロスティーニ

150 3色カラフル人参のサラダ ブラッドオレンジの香りをのせて

152 フレッシュブラータチーズのサラダ仕立て バルサミコ酢とともに

154 マニカレット

156 ワカサギのオリエンタル風カルピオーネ

158 ティジェッレ

160 いろいろな魚介のバーニャカウダクリーム

162 浜名湖産ウズラ肉のリピエーノ 自家製バイオレットマスタード添え

164 "Ristorante **ACQUAPAZZA**"

.........「期待感」を高める一皿。季節感と自由な発想で、店らしさを

166 そら豆のピューレをはさんだ太刀魚の香草パン粉焼き

168 手長エビの生ハム巻きソテー ひよこ豆のスープとセージのフリット

170 カラスミ、数の子、鮮魚の冷たいフェデリーニ あさつきをちらして

172 なすとトマトのテリーヌ ダル ペスカトーレ風
モッツァレラとバジルの香り

174 ホワイトアスパラガスのカルボナーラ仕立て

176 あつあつ茸の白ワイン煮

178 揚げニョッコ パルマ産の生ハムのせ

180 かりかりに焼いた チーズとじゃが芋のフリコ

182 ウサギのツナ風 ロビオラチーズのアッソルティート
人参とレーズンのサラダ添え

184 白金豚首肉のグリル カチョカバッロのソテーとトマトのロースト

186 "PRESENTE **Sugi**"

.........素材、調理法、盛り付け、器でも「ワクワク感」を前菜の魅力に

- 188　サンマのスモーク現在進行形
- 190　ガストロバックで処理した鱧のフリット
- 192　黒アワビのサラダ仕立て
- 194　再生
- 196　伊勢エビとSugi畑
- 198　インカのめざめの焼きニョッキとキャビア添え
- 200　金目鯛 焼きと生
- 202　フォアグラとショコラ
- 204　トリュフ＋ウニ＋米+卵＝Bono
- 206　ウシガエルのフリット 緑の香り

208 "RISTORANTE ITALIANO **LA COMETA**"

..........素材、伝統、現代性、「遊び心」の4つを調和させ組み合わせる

- 210　塩鱈のペースト ポレンタトースト添え
- 212　穴子の赤ワイン煮込み
- 214　浜焼きサバのスモーク ドライフルーツ漬け
- 216　小ヤリイカの野菜詰め
- 218　海の幸のサラダ
- 220　真ダコと彩り野菜のサラダ
- 222　ペコリーノ・バルゼのインヴォルティーニ
- 224　チーズボールのフライ
- 226　合鴨とザクロのサラダ仕立て
- 228　トスカーナ風 前菜の盛り合わせ

232　奥付

本書をお読みになる前に

E.X.V.オリーブオイルは、エクストラ・ヴァージン・オリーブオイルの略です。
パルミジャーノは、パルミジャーノ・レッジャーノのことを指します。
バルサミコ酢は、モデナ産バルサミコ酢のことを指します。
バターは、無塩バターを使用しています。
卵は、M玉を使用しています。
液体の単位は、シェフが使用することの多い「cc」を、あえて使いました。
大さじ・小さじは、それぞれ15cc、5ccです。
お店の調理機器の性能、調味料の味、また各種ブロードやサルサの味には
違いがありますので、本書で表示した分量はあくまで目安と考え、お店の味
に合わせて調整してください。

イタリア文化をベースに、一皿の

原　宏治（はら こうじ）
20歳より料理の世界へ。フランス料理店で修業するが、82年の渡伊を機にイタリア料理に。帰国後は「ラ・コロンバ」「アルポルト」にセコンドで勤める。その後も主に北イタリアで郷土料理を学ぶ。90年、『アルポンテ』の開業からシェフを勤め、オーナーシェフに。

　現在と異なり、本来イタリアでは、前菜に重きを置かない店が多いものでした。元々、イタリアではアンティパストの種類は少なく、マリネや加工肉など保存食をシンプルに出すことが多かったようです。その代わり、各地域独特の食材で個性を出すのが、イタリアで昔からあるアンティパストの考え方でした。

　しかしリストランテでは、酒を売るためにアンティパストを充実させなければなりませんでした。おつまみとしての役割もあるアンティパストを豊富に揃えないと、ワインなどのアルコールが売りづらいからです。こうして、アンティパストのバリエーションが増えていったのです。

　私としては、少しでもイタリアの伝統料理を知ってもらいたい。そして、ワインと一緒に味わう楽しみ方も知ってもらいたい。その想いをかなえるためにあるのが、アンティパストだととらえています。

日本各地の「旬の素材」を活用する

　私の店では、イタリアの地方色の強いアンティパストに、エレガント性をプラスして提供するよう心がけています。アンティパストは、お客様がそれを口にしながらその日に食べる料理を決めてもらうものであり、胃を広げて食欲を高め、食事を楽しむ準備をしてもらうもの。そこに、次の料理

中に物語性を加えた前菜を

RISTORANTE AL PONTE
原　宏治

を期待させる要素としてファッション性を持たせ、エレガントに盛り付けることを大切にしています。プラスアルファとして、イタリア文化をベースにして一皿の中にストーリー性を加えると、さらに奥深い料理になると思います。

　私の料理は新鮮な旬の食材を活かすことも大切にしていて、日本全国の食材に注目しています。例えば、地中海の気候に近い香川県では、本場のイタリアにも負けない食材を作っています。イタリアをはじめとした様々な国の食材で、無理やりではなく日本の風土・気候に合ってうまく根付いたものを探し出し、それを料理の中で上手に提案できれば面白いと考えています。

　イタリアの食材をそのまま日本で提供するのは、店によっては難しい場合もあります。例えば生ハムもそのまま出したのでは、リストランテとしての「格」を表現できません。とはいえ、別の食材に用いてしまうと生ハムの本来の味がそがれてしまいます。それなら、日本の野菜や洋野菜を使うことを中心に考え、例えば野菜のエスカベーチェなどを作った方が、アンティパストとして魅力が出せると思います。

　日本でも地方に行けば、まだ食べたことのないような面白い食材がたくさんあるはずです。こうした食材も、お客様に伝えていけたらと考えています。

RISTORANTE AL PONTE

東京・日本橋に1990年にオープンしたリストランテで、「アル ポンテ」とはイタリア語で「橋のたもと」という意味。クラシックで上品な雰囲気の店内で、農家から直送される野菜や新鮮な魚介などを使って原シェフが作る、本場仕込みのイタリアンを提供している。今月のランチは2625円、夜のアルポンテコースは7350円。イタリアワインも250種類以上と豊富に揃え、中高年層を集客する。2013年に現店舗に移転。

- ■住所　東京都中央区日本橋浜町3-3-1
　　　　トルナーレ日本橋浜町2階
- ■電話　03-3666-4499
- ■URL　http://www.alponte.jp
- ■営業時間　11:30～15:00(L.O.13:30)
　　　　　　17:30～23:00(L.O.21:30)
- ■定休日　日曜日・祝日

真ダコのサラミ グリーンソース

タコは南イタリアでよく使われる食材。それをサラミにしてみました。ゼラチンを使わず、タコの持つゼラチン質だけで固めます。マリネにするより保存がきくのがメリットで、冷蔵庫なら1週間は日持ちしますし、冷凍保存もでき、前菜盛り合わせの一品としても重宝します。今回は、バジリコやローズマリーなどで作ったグリーンソース「サルサ・ヴェルデ」をポイントとして使い、レモンのドレッシングをかけて爽やかな味わいにまとめました。タコを煮るときにワインのコルクを入れるのは、タコを柔らかく煮るためで、イタリア独自の手法です。

材料　テリーヌ型1台分

● 真ダコのサラミ（作りやすい量）
　真ダコ（活）… 1.5kg
　玉ねぎ … 100g
　人参 … 50g
　セロリ … 40g
　トマトホール（果肉）… 1個分
　塩 … 適量

● サルサ・ヴェルデ（10人分）
　パセリ … 20g
　にんにく … 小さじ1/5
　ローズマリー … 少々
　バジリコ … 7g
　ケッパー … 4粒
　アンチョビ … 1/2尾
　E.X.V.オリーブオイル … 30cc

● ドレッシング（4人分）
　レモンオイル … 大さじ1
　レモン汁 … 大さじ1.5
　玉ねぎ（スライス）… 少々
　塩、胡椒 … 各少々

サラダ菜、セロリ … 各適量
黒胡椒 … 適量

作り方

1 タコは内臓を除き、塩でぬめりをとってよく水洗いする。

2 大きめの鍋に**1**、塩、水、大きめに切った香味野菜、トマトホール、ワインのコルクを2個入れ、タコの皮がはがれない程度に柔らかくなるまで茹でる。**A**

3 タコは鍋から取り出し、氷水に当てたボールに入れて粗熱を取る。**B**

4 **3**のタコの水分を拭いて2cm幅に切り、ラップの上にのせる。中の空気を抜きながらラップごと巻いてキャンディー型にし、ソーセージのように両サイドを止め、冷蔵庫に一晩置いて締める。**C**

5 サルサ・ヴェルデの材料をすべてミキサーにかけ、ソースを作る。

6 ドレッシングを作る。ボールにレモンオイルとレモン汁を入れ、塩・胡椒をしてよく混ぜ、玉ねぎのスライスを加える。

7 **4**を薄くスライスして器に盛り、**6**をかけてサラダ菜とセロリのスライスを飾る。**5**をちらし、周りに黒胡椒をふる。

スモークサーモンとアボカドのサラダ
白子のパンナコッタ風

花のように盛ったスモークサーモン、サーモンと相性の良いアボカド、さらに
アクセントとして煮詰めたバルサミコ酢を枝に見立てて皿に描き、盛り付けで
目でも楽しめるアンティパストに仕上げました。ポイントとして、クリーミーな
サーモンの白子を使った柔らかいムースを添え、スモークサーモン、アボカド
との三位一体の味を楽しませます。

材料　4人分

● 白子のパンナコッタ
　サーモンの白子 … 100g
　牛乳 … 100g
　生クリーム … 30g
　板ゼラチン … 1g
　塩·胡椒 … 各適量

スモークサーモン … 100g
アボカド … 1/2個
レモン汁 … 少々
E.X.V.オリーブオイル … 適量
バルサミコ酢 … 適量

バジリコ … 2枚
E.X.V.オリーブオイル … 大さじ1

ザクロの実 … 適量
バゲットスライス（クルトン用）… 8枚
マーシュ … 適量
紫玉ねぎ（スライス）… 少々

作り方

1 サーモンの白子は血管を丁寧にとって良く
水洗いし、塩を加えた湯で茹でる。

2 1を適当な大きさに切って牛乳を半量加え、
ミキサーにかけて裏漉しする。

3 2を鍋に入れて残りの牛乳と生クリームを
加えて沸かし、火からおろして水で戻した
ゼラチンを加え、塩、胡椒で味を調える。
再度、裏漉しして型に流し、冷やし固める。

4 スモークサーモンをスライスしてバラの形
に盛り、アボカドもスライスして塩、胡椒し、
レモン汁とオリーブオイルをかけて盛る。
煮詰めたバルサミコ酢をしいて、3をスプ
ーンで盛り付け、バジリコを細かく切って
オリーブオイルでのばしたものを全体にか
ける。ザクロの実、葉っぱ型のクルトン、
マーシュ、紫玉ねぎなどを飾る。

エスカルゴの衣揚げと
ひよこ豆のパネッレ

　エスカルゴはシチリアの伝統食材で、エスカルゴに泡立てた卵白を混ぜた軽い衣を付けて油で揚げます。エスカルゴはブロードや香味野菜で下茹でして臭みを抜いてから、トマトのソフリットで煮て下味を付け、衣揚げにします。衣の柔らかな食感とエスカルゴの歯ごたえのバランスがよく、おつまみにもぴったりです。添えたパネッレもシチリアの料理で、ひよこ豆の粉に水を加えてのばし、油で揚げたもの。そのままでも美味しく、ワインに良く合います。

材料　10人分

エスカルゴ（4号缶）… 1缶（32個入り）

イタリア小麦粉 … 適量

揚げ油 … 適量

A 玉ねぎ … 200g
　　人参 … 100g
　　セロリ … 50g
　　白粒胡椒 … 3粒
　　ローリエ … 1枚
　　トマトホール … 1個
　　水 … 1ℓ

B E.X.V.オリーブオイル … 大さじ1
　　玉ねぎ（みじん切り）… 100g
　　人参（みじん切り）… 50g
　　セロリ（みじん切り）… 25g
　　トマトホール … 20g
　　トマトソース … 20g
　　塩、胡椒 … 各適量

● **揚げ衣**
　　イタリア小麦粉 … 大さじ4
　　コーンスターチ … 6g
　　卵黄 … 2個分
　　水 … 少々
　　塩・胡椒 … 各適量
　　卵白 … 2個分

● **パネッレ（4人分）**
　　ひよこ豆の粉 … 60g
　　水 … 250g
　　にんにく
　　（ごく細かなみじん切り）… ごく少量
　　クミンシード
　　（ごく細かなみじん切り）… ごく少量
　　塩 … 0.8g
　　白胡椒 … 少々

マッシュポテト … 各適量
イタリアンパセリ … 各適量
黒胡椒 … 各適量

作り方

1 鍋に**A**の材料と、エスカルゴ缶の汁の半量を入れて沸かし、アクを取ってからエスカルゴの身を入れて下煮する。**A**

2 別の鍋に**B**のオリーブオイルを熱して**B**の香味野菜を柔らかくなるまで炒めたら、細かく切ったトマトホールとトマトソースを入れる。**1**のエスカルゴを加えて軽く煮たら、塩、胡椒で味を調え、冷ましておく。**B**

3 衣を作る。ボールに小麦粉とコーンスターチを入れ、卵黄と少量の水を溶いて、塩、胡椒し、泡立てた卵白を加えてさっくりと混ぜる。

4 **2**のエスカルゴと野菜をひと口大に丸め、小麦粉をまぶして**3**の衣を付け、油でキツネ色になるまで揚げる。**C**

5 パネッレを作る。ボールにひよこ豆の粉を入れ、水を少しずつ入れながら泡立て器で混ぜ合わせたら、残りの材料を加えて混ぜ、10分間休ませる。

6 鍋に**5**を入れて火にかける。たえず木ベラでかき混ぜながら中火で煮て、柔らかい餅のようになったら、広げたクッキングシートに流し、上からクッキングシートで覆って麺棒で7mm厚さにのばす。天板で押してのばしてもよい。

7 冷めたら適当な大きさに切って、油で揚げる。

8 器にマッシュポテトをしいて**4**をのせ、イタリアンパセリを飾る。**7**を添えて、黒胡椒をふる。

赤ピーマンのインヴォルティーニ オレンジ風味

シチリア州のパレルモには、パン粉を使った料理が数多く見受けられます。このアンティパストもその一つで、パン粉料理にシチリア名産のオレンジを組み合わせ、赤ピーマンの詰め物にしました。パン粉にアーモンドの粉を混ぜることで、グッとコクも増します。焼き上がりにオレンジ果汁とレモンシロップをかけるのは、甘酸っぱい爽やかな味わいと、ツヤを出すためです。赤ピーマンの代わりに、イワシなどでアレンジしてもいいでしょう。

材料　12個分

赤ピーマン（パプリカ）… 2個
E.X.V.オリーブオイル … 大さじ1
塩・胡椒 … 各適量
ローリエ … 12枚
オレンジ … 1個

● 詰め物

　パン粉（バゲットを細かくおろしたもの）… 100g
　アーモンドの粉 … 20g
　パセリ（みじん切り）… 5g
　アンチョビ（ペースト）… 10g
　にんにく（みじん切り）… 1/3片分
　塩・胡椒 … 各適量
　E.X.V.オリーブオイル … 10cc
　グラニュー糖 … 2g
　オレンジ … 1/2個
　レモン汁 … 小さじ1

● レモンシロップ

　レモン汁 … 大さじ1
　砂糖 … 5g

アーモンド（ロースト）… 6粒

作り方

1. 赤ピーマンは、オリーブオイルをまぶし、オーブンで表面を焼いて皮をむく。6等分に切って塩・胡椒をふる。**A**

2. 詰め物のパン粉を作る。ボールにオレンジとレモン汁以外の材料を入れ、両手ですり合わせてよく混ぜたら、オレンジを果肉も潰しながら入れ、レモン汁も加えてよく混ぜ合わせる。**B**

3. **2**は、握って俵型にし、**1**のピーマンで巻き込む。**C**

4. 適量のオリーブオイル（分量外）をふったキャセロールに並べ、間にローリエと分量の半量のオレンジをスライスしてはさむ。**D**

5. 軽く塩・胡椒をふり、オリーブオイルと残り半分のオレンジを絞って果汁をかける。**E**

6. キャセロールの空いたところに**4**の残りのオレンジをのせ、180℃のオーブンで20分ほど焼き、焼き上がりにレモンシロップをかける。温かいうちに器に盛り、アーモンドのローストをふって提供する。**F**

野菜のスカペーチェ(甘酢ソース)

甘酢のマリネ液に漬ける料理はスカペーチェのほか、北部のカルピオーネ、ヴェネトの
サオールなど、イタリア各地で呼び名があり、広く使われている技法の一つ。アンティパ
ストの料理にもよく使われます。これは、野菜のみで作ることで野菜料理として確立さ
せた、ヘルシーな一皿です。魚介を用いない分、サフランを作って魚介を思わせる香り
を付け、美しい彩りも添えました。

材料　6人分

カリフラワー… 100g
芽キャベツ… 100g
ペコロス… 100g
かぼちゃ… 100g
塩・胡椒 … 各適量
イタリア小麦粉 … 適量
揚げ油 … 適量

● マリネ液

E.X.V.オリーブオイル … 50cc
にんにく（みじん切り）… 1片分
玉ねぎ（せん切り）… 40g
人参（せん切り）… 40g
セロリ（せん切り）… 40g
赤・黄ピーマン（せん切り）… 各15g
白ワイン… 100cc
白ワインビネガー… 25cc
サフラン… 0.1g
オリーブ… 10粒
トマトホール（果肉）… 50g
塩… 3g
白胡椒… 少々

作り方

1 カリフラワー、芽キャベツ、ペコロス、か
ぼちゃは、それぞれひと口大に切り、塩、
胡椒して小麦粉をまぶし、油で揚げる。油
をよく切り、バットに移しておく。

2 マリネ液を作る。鍋にオリーブオイルとに
んにくを入れ、マリネ野菜を入れて歯ごた
えが残る程度に炒め、白ワインと白ワイン
ビネガーを加える。最後にサフラン、オリー
ブ、細かく切ったトマトホールを入れ、野
菜が煮くずれないように注意しながら煮て、
塩、胡椒をする。

3 1に2をかけ、粗熱が取れるまで充分に
冷ましてから提供する。

鉄板焼きのトミーノチーズと
3色ポテトのガレット

　トミーノチーズはピエモンテ州産で、鉄板で焼いて食べても美味しいといわれる珍しいチーズです。クセがなく、加熱することで中がとろけるのが特徴です。切り口にパルミジャーノをふって焼くと、ほど良い焼き色が付きます。この料理は、3種類のじゃが芋をせん切りにしてカリッと焼き上げたガレットを添え、焼いたトミーノチーズをからめて食べます。色とりどりのじゃが芋が、華やかな一皿を演出してくれます。なお、これらのじゃが芋は、北海道・十勝産のものを使いました。

材料　作りやすい分量

● ポテトのガレット
- インカのめざめ … 100g
- キタムラサキ … 100g
- ノーザンルビー … 100g
- レモン汁 … 少々
- 塩・胡椒 … 各適量
- 片栗粉 … 各2g
- 澄ましバター … 50g

- トミーノチーズ … 2個
- パルミジャーノ（すりおろし） … 5g
- 塩・胡椒 … 各適量

- 無塩バター … 大さじ2
- セージの葉 … 4枚

- パルミジャーノ（すりおろし） … 適量
- 黒トリュフ（みじん切り） … 5g
- トレビス・エンダイブ … 各適量

作り方

1. 3種類のじゃが芋は、それぞれ皮をむき、スライサーで薄く切ってから細いせん切りにする。**A**
2. 1のじゃが芋のうち、キタムラサキとノーザンルビーにはレモン汁をかけ、塩・胡椒をふって片栗粉をまぶす。**B**
3. 熱したフライパンに澄ましバターを熱し、丸いセルクルに2を詰めて成形しながら、弱火で焼く。セルクルは途中で抜き、両面をカリカリに焼く。**C**
4. トミーノチーズを4等分に切り、塩・胡椒、パルミジャーノをふる。**D**
5. パルミジャーノをふった面を下にして、フッ素樹脂加工のフライパンで油をしかずに焼く。焼き色が付いたら、返して裏面にも焼き、取り出す。**E**
6. 別鍋にバターとセージを入れて加熱しソースとする。
7. 器に5のチーズを盛って6のソースをかけ、パルミジャーノをふり、黒トリュフをのせる。3と6のセージの葉、トレビスとエンダイブを添える。**F**

カリフラワーのクネル
白トリュフ風味
パルミジャーノのチャルダ添え

カリフラワーをブロードで柔らかく煮て、白トリュフの風味を付けたクネルに、上から白トリュフをかけました。カリフラワーのソフトな甘みと、トリュフのナッツのような風味がマッチします。パリッと焼いた、パルミジャーノのチャルダを添え、食感と香りをプラスしました。砕いて一緒に食べても、別々に食べても、食べ方は自由です。

材料　6人分

● **カリフラワーのクネル**
　カリフラワー…100g
　バター…10g
　マッシュルーム（みじん切り）…1個分
　野菜のブロード（下記参照）…50cc
　牛乳…100cc
　塩、胡椒…各適量
　白トリュフオイル…少々

● **付け合わせ**
　カリフラワー…100g
　塩、胡椒…各適量
　E.X.V.オリーブオイル…小さじ1

● **パルミジャーノのチャルダ**
　パルミジャーノ（すりおろし）…100g
　イタリア小麦粉…50g
　水…150g

パルミジャーノ（すりおろし）…適量
白トリュフ（スライス）…2g
デトロイト…適量

作り方

1　カリフラワーのクネルを作る。熱した鍋にバターを溶かし、マッシュルームを炒めたら、小房に分けたカリフラワーを加え、野菜のブロードと牛乳を注いで、カリフラワーが柔らかくなるまで煮る。

2　**1**をミキサーにかけて粒感が残る程度のピューレ状にし、塩、胡椒で味を調え、白トリュフオイルをふって冷やす。

3　付け合わせ用のカリフラワーを塩茹でにし、水分をきって、塩、胡椒、オリーブオイルで味を付ける。

4　チャルダのすべての材料をボールで合わせ、オーブンシートをしいた天板に平らに薄く流し、170℃のオーブンで焼き色が付くまで焼く。

5　器に**3**を盛ってパルミジャーノをふり、**2**をスプーンですくってのせ、白トリュフをかける。**4**のチャルダを添え、デトロイトを飾る。

野菜のブロード

材料　1ℓ強分

水…2ℓ
玉ねぎ…400g
人参…100g
セロリ…100g
ローリエ…1枚
トマトホール（缶。果肉部分）…1個
塩…少々

作り方

玉ねぎ、人参、セロリは、丸のままか半割りにする。深鍋に材料をすべて入れて火にかけ、アクを取りながら1時間半ほど煮出し、静かに漉して使う。

ウサギのテリーヌ 大理石仕立て
バルサミコ酢のゼリー添え

イタリアではヘルシーなアンティパストとして、淡泊なウサギ肉をピスタチオとともにゼリー寄せにし、グリーンの彩りが美しく映える大理石仕立てのテリーヌにします。ウサギ肉だけではどうしてもパサ付きますので、鶏のブロードを馴染ませて食感を補いました。煮詰めたバルサミコ酢のゼリーをポイント的に使うほか、バジリコをベースにローズマリーなどで作ったグリーンソースでアクセントを添え、爽やかな香りをプラスしました。

材料

● ウサギのテリーヌ（作りやすい量）
　ウサギモモ肉・ロース肉 … 合わせて正味1.2kg
　E.X.V.オリーブオイル … 15cc
　エシャロット（スライス）… 25g
　鶏のブロード（下記参照）… 300cc
　板ゼラチン … 15g　　　塩 … 9.6g
　白ワイン … 50cc　　　ピスタチオ … 30g

● トマト・ピスタチオソース（2人分）
　ミニトマトのセッキ（ドライトマト）… 2個
　ピスタチオ（ローストしてみじん切りにしたもの）… 10g
　ピスタチオオイル … 10cc

● バルサミコゼリー（2人分）
　バルサミコ酢（煮詰めたもの）… 10cc
　シロップ（水と砂糖を同割で溶かしたもの）… 40cc
　板ゼラチン … 1g　　　白ワイン … 大さじ2
　水 … 20cc

● グリーンソース（2人分）
　バジリコ … 10g　　　ローズマリー … 1g
　E.X.V.オリーブオイル … 10g
　水 … 10cc　　氷 … 7g　　塩 … 少々

ウサギのレバーコンフィ、マーシュ、
ピスタチオ、E.X.V.オリーブオイル … 各適量

作り方

1　ウサギ肉は骨を外して2cm角に切り、塩をして一晩マリネする。

2　**1**はオリーブオイルで表面だけソテーし、白ワインでフランベする。**A**

3　ボールに**2**、エシャロット、刻んだピスタチオを入れ、ゼラチンを溶かしたブロードを加えてよく馴染ませる。**B**

4　**3**をテリーヌ型に詰め、湯せんにかけながら170℃のオーブンで30分火を入れる。上から重石して冷やし固める。**C**

5　ミニトマトのセッキをみじん切りにし、ピスタチオのみじん切りとピスタチオオイルを合わせて、ソースにする。

6　グリーンソースの材料をミキサーにかける。

7　バルサミコゼリーを作る。シロップに白ワインを入れて沸かし、水とゼラチンを加える。ゼラチンが溶けたら火を止め、バルサミコ酢を加えてペーパーで漉し、型に入れて冷やし固める。

8　器に**6**をしいて、四角に切った**4**を盛り付け、**5**と**7**、マーシュとレバーのコンフィを添える。粗く刻んだピスタチオをかけ、テリーヌにオリーブオイルをかける。

鶏のブロード

材料　1.8ℓ分

水 … 3ℓ
丸鶏 … 1羽（1.5kg）
玉ねぎ … 1/2個
人参 … 1/4本
セロリ … 人参と同量
ローリエ … 1枚
塩 … 少々

作り方

材料をすべて深鍋に入れて強火にかけ、沸騰したら弱火にし、アクを取りながら煮出す。だしが出たら、漉して使う。

低温調理した牛肉のハム

牛モモ肉で作る生ハムのブレザオラは、イタリアではポピュラー食材。ただし日本では手に入りにくく、作り方も難しいので、ローストビーフの技法をアレンジして作りました。低温で時間をかけて肉の中心温度を上げていく手法で、全工程で2週間かかります。仕上げにふるカカオローストで苦みや食感のアクセントをつけると、印象の深いアンティパストになります。

材料　20人分

和牛モモ肉 … 1kg
塩 … 12g
胡椒（粗挽き）… 30g
桜のスモークチップ … 適量

● **盛り付け（1皿分）**
　E.X.V.オリーブオイル … 大さじ1
　パルミジャーノ … 15g
　ルーコラ … 適量
　紫玉ねぎ（スライス）… 少々
　カカオ（ロースト）… 適量
　パセリ … 少々

作り方

1 牛モモ肉はタコ糸で縛って成形し、塩と粗挽き胡椒をまんべんなくすり込み、真空パックをして7日間冷蔵庫で寝かせる。

2 **1**の水分を取り、桜のチップで冷燻製にする。

3 60℃に温めたオーブンに**2**をつるし、中心部が42～45℃になるまで2時間から2時間半ほど置く。

4 **3**の粗熱を取って冷蔵庫で7日間つるして乾燥させ、真空パックにして脱水させる。

5 **4**をスライサーで薄くスライスして器に盛り、オリーブオイルをかける。水にさらした紫玉ねぎのスライス、ルーコラ、パルミジャーノのスライスをのせ、刻んだパセリとカカオのローストをふる。

レモンの葉で焼いたポルペティーネ

　シチリアはレモンの産地として有名。そのレモンの葉で挽き肉を挟んで焼く料理は、シチリアならではです。葉で挟むことでレモンの香りが漂うだけでなく、挽き肉に柔らかい火が当たって蒸し焼きの状態になり、ジューシーな肉のうま味も味わえます。レモンの香りがかなり強く付きますので、肉は粗挽きにした方が、味のバランスがよくなります。アンティパストだけでなく、セコンドピアットとしても提供できる一品です。レモンの葉は、香川の特産品を使いました。

材料　約12個分

豚肩ロース肉 … 500g
塩 … 4g
牛乳 … 30cc
パン粉（白い部分）… 25g
白ワイン … 15cc
パルミジャーノ（すりおろし）… 5g
エシャロット（みじん切り）… 10g
レモンの皮（みじん切り）… 1/2個
ナツメグ … 少々
レモンの葉 … 24枚
パンチェッタ（薄切り）… 12枚
レモン（スライス）… 12枚
E.X.V.オリーブオイル … 適量
レモンオイル … 適量

レモン、レモンの葉、オリーブ、イタリアンパセリ … 各適量

作り方

1. 豚肩ロース肉は3cm角に切り、塩をして一晩冷蔵庫で寝かせる。
2. 寝かせた**1**は、粗めに挽く。**A**
3. 牛乳で湿らせたパン粉、白ワイン、パルミジャーノ、エシャロット、レモンの皮、ナツメグを入れてよく混ぜる。**B**
4. **3**を1個50gの小判型に成形し、レモンの葉2枚で挟み、上からパンチェッタで巻いて押さえる。**C**
5. グリル板に**4**をのせ、葉ごと表面に焼き色を付ける。
6. オリーブオイル（分量外）をしいたキャセロールに**5**を並べ、レモンのスライスを間にはさんでオリーブオイルをかけ、180℃のオーブンで10分ほど焼く。
7. **6**にレモンオイルをかけて器に盛り、カットレモン、レモンの葉、オリーブ、イタリアンパセリなどを飾る。

素材や調理法も冒険もできる前菜

奥村 忠士（おくむら ただし）
都内のレストランで修業後、82年に渡伊し、ウンブリアやトスカーナなどで修業。84年に帰国し、東京・西麻布「アルポルト」でセコンド、銀座「モランディ」でシェフを勤める。96年に独立。繊細な盛り付けと洗練された料理の数々で人気を集める。

アンティパストは、"遊び"ができる料理

　昔と比べて、料理や食材についての情報に詳しいお客様が増え、いろいろなものを食べてみたいという欲求も強くなっていると思います。しかしその反面、食べる量自体は以前より減っていますので、様々な料理をアンティパストに仕立てて少量ずつ出し、1つのコースの中でいろいろな味が楽しめるようにしています。

　私の店のコース料理は、アンティパストだけでも3～4品を構成。その料理も冷菜から始めて温菜へ、繊細な味のものから濃い味へ、生ものから火を入れたものへと、当然流れを考えて組み立てています。

　アンティパストは、コースの中でもいろいろ"遊び"ができるパートです。野菜やフルーツなどを使って華やかさが出せますし、生ものも使えたりと素材や調理法の冒険もできます。器選びで自由に表現できるところも楽しい部分です。

野菜をたっぷり添えることの大切さ

　私のアンティパストは、最近の健康指向の影響と、多種のアンティパストを提供するというスタイルから、1皿の中でのメイン部分のボリュームは控えめにして、その分、野菜をたっぷり添えるように

は、「郷土料理」をベースに

RISTORANTE Le Acacie
奥村 忠士

しています。

また「仔牛のトンナート」のように、野菜やフルーツを添えることで、郷土料理を個性的にアレンジすることもできます。野菜はロスが多く管理も大変ですが、旬の素材の美味しさは格別です。お客様の目も舌も肥えていますので、いい素材を選ぶようにしてます。

郷土料理に立ち返り、新しい料理のヒントを得る

イタリア料理は、郷土料理であり家庭料理そのもの。歴史がはぐくみ淘汰されてきたものですから美味しいのは当然です。

新しいイタリア料理を発想するときに大切なのは、一度、郷土料理という原点に立ち返り、原書を読むなどよく調べて勉強し、そこからヒントを得ることだと私は思っています。仮にそうしたベース無しに他の店の料理を応用しただけでは二番煎じにすぎず、むしろどんどんイタリア料理の枠から外れて、わけの分からないものになってしまう危険性があります。

しかし郷土料理を勉強すればするほど、応用できるものがたくさん発見できます。料理のページで紹介した「トンナート」のような、一見創作的な料理でも、必ず郷土料理の名残りを見つけることができると思います。

RISTORANTE Le Acacie

奥村シェフは、イタリア各地で学んだ郷土料理の知識と技術をベースに、独創的で洗練されたイタリアンを提供。料理は9品からなる1コースのみだが、野菜を美しく盛り付けた繊細な一皿から、インパクトのある力強い味わいの料理まで、幅広いバリエーションで楽しませてくれる。落ち着いた雰囲気と、充実したワインの品揃えも魅力のリストランテ。

- ■住所　東京都港区南青山4-1-15
　　　　アルテカ・ベルテプラザ地下1階
- ■電話　03-3478-0771
- ■URL　http://le-acacie.official.vc/
- ■営業時間　18:00〜23:00(L.O.21:00)
- ■定休日　月曜日

トリッパのオーブン焼き

　店で長年人気の一品で、今でもリクエストが多い料理です。トリッパと言えば昔からトマト煮がよく知られている中、ローマ風トリッパの定番は、さらにミントを合わせるのが特徴です。意外に思われるかもしれませんが、この料理を食べると、ミントとトリッパは非常に相性の良い素材だということが分かります。アンティパストにするときは、ポーションを小さくし、チーズをふってオーブンで焼きます。ソースをからめながら食べられるようにマッシュポテトも添え、パンとピクルスも飾れば、セコンドピアットとはまた違った料理として楽しませることができます。ポイントは下茹でで手抜きをしないこと。煮る際に鍋に蓋をすると臭いがこもりますので、ザルなどを使って落し蓋の代わりにします。

材料　10人分

- トリッパ … 350g
- オリーブオイル … 大さじ3
- 唐辛子 … 1/2本
- にんにく（みじん切り）… 小さじ1/2
- **A** 玉ねぎ（粗みじん切り）… 150g
  - 人参（粗みじん切り）… 70g
  - セロリ（粗みじん切り）… 50g
  - 白ワイン … 100cc
  - スペアミント … 20枚
  - 鶏のブロード（下記参照）… 100cc
  - トマトソース（下記参照）… 200cc
  - 塩・胡椒 … 各適量
- モッツァレラ … 適量
- パルミジャーノ … 適量
- マッシュポテト … 適量
- くるみパン、ピクルス
  （小玉ねぎ・きゅうり・人参）… 各適量

作り方

1. トリッパは3度茹でこぼししてから、分量外の香味野菜（セロリ・パセリの軸など）・白ワイン・黒粒胡椒を加えて火にかける。トリッパに串がスッと通るぐらい柔らかくなるまで、約4〜5時間ボイルする。**A**
2. **1**は1cm×5cmくらいに切る。
3. 鍋にオリーブオイル・唐辛子・にんにくを入れて色付くまで炒め、**A**を加えてしんなりするまで炒める。
4. **2**を加えて強火で炒め、白ワイン、ミントを加えて煮詰める。ブロードも加えてさらに煮詰め、トマトソースも加えて弱火で20分ほど煮込み、塩・胡椒で味を調える。
5. 器に**4**を盛り、モッツァレラとパルミジャーノをのせる。マッシュポテトで細長く仕切りをつけ、オーブンで焼く。
6. ミント（分量外）を飾り、くるみパン・ピクルスを添える。

A

鶏のブロード

材料　7ℓ分

- 水 … 20ℓ
- 廃鶏 … 1羽
- 玉ねぎ … 2個
- 人参・セロリ … 各2本
- 塩 … 15g
- ローリエ … 3枚
- 白粒胡椒 … 5g

作り方

材料をすべて鍋に入れて火にかけ6〜7時間煮出し、漉して使う。

トマトソース

材料　作りやすい分量

- 玉ねぎ（厚めのスライス）… 1/2個分
- オリーブオイル … 100cc
- トマトホール缶 … 1ℓ
- バジリコ … 1枝　塩 … 3g

作り方

玉ねぎをオリーブオイルでソテー後、他の材料を加えて約40分間煮込み、野菜漉し器で漉す。

仔牛のトンナート カラスミ添え

仔牛肉にツナのソースをかけるこの料理は、ピエモンテ地方の郷土料理。どちらかというと、セコンドピアットとしてのイメージが強い料理です。料理自体は大衆的過ぎて、そのままのスタイルではリストランテのメニューとしては出しづらいのですが、ポーションを小さくし、いろいろトッピングを加えることで、見た目にも華やかで楽しく、気のきいたアンティパストになります。ブルスケッタをしいてもいいですし、またアミューズにしてもいいでしょう。肉にツナソースをぬって1日おき、味を馴染ませるのがポイントです。

ツナソース

材料　15人分

ツナ … 160g
マヨネーズ … 180g
ケッパー … 大さじ1/2
レモン汁 … 小さじ1
アンチョビ（ペースト） … 小さじ1/2
塩・胡椒 … 各少々

作り方

材料をフードプロセッサーでペースト状にし、塩・胡椒で味を調える。

材 料　5人分

仔牛ロース肉 … 300g

A セロリ・玉ねぎ・ローリエ・白胡椒（粒） … 各適量

塩 … 適量

ツナソース（左下参照） … 適量

B 銀杏・オレンジ・ケッパー・赤ピーマン・
　クレス（クレソンのスプラウト）・
　黒オリーブ … 各適量

カラスミ … 適量

作り方

1 鍋に仔牛肉・**A**・塩とたっぷりの水を入れ、肉が柔らかくなるまで茹でて取り出す。

2 **1**は、冷めてから1cm厚さにスライスし、バットにならべてツナソースをかける。

3 **2**はラップをし、冷蔵庫に入れて半日程度寝かせ、味を馴染ませる。

4 皿に盛り、ツナソース適量を再びかける。**B**のトッピングを添え、カラスミを適当に砕いてふりかける。

白子が入った真鱈のマンテカート
里芋のフリコ添え

鮮度の良い真鱈と白子の両方を、贅沢に使ったアンティパストです。マンテカートは干し鱈を使う代わりに、おろした生の真鱈の身を塩と脱水シートで締めて作ります。仕上げの際、オーブンで加熱しますので、分離しないようにオリーブ油ではなくマヨネーズで応用します。フリコは本来じゃが芋で作るところを、里芋でアレンジしました。口の中でマンテカートとフリコがなめらかに馴染むように、白子はほどよく火を通して、まったりとした食感を活かします。野菜、ソースとともに盛り付け、繊細に仕上げます。

魚のブロード

材料　2ℓ分

水…4ℓ
魚のアラ…700g
玉ねぎ…1個　　セロリ…1本
ローリエ…1枚　タイム…小さじ1/2
白ワイン…150cc　塩…3g

作り方

すべての材料を寸胴に入れ、火にかけて1時間煮出し、漉して使う。

材料

●真鱈のマンテカート（10人分）
　真鱈 … 200g
　牛乳 … 適量
　にんにく … 適量
　マヨネーズ（固めのもの）… 60g
　卵黄 … 1個分
　塩・胡椒 … 各適量

好みの野菜 … 適量

●フリコ（5人分）
　里芋 … 100g
　パルミジャーノ（すりおろし）… 10g
　塩・胡椒 … 各適量
　E.X.V.オリーブオイル … 少々

●白子
　白子 … 適量
　塩 … 適量

●ソース（作りやすい分量）
　白ワイン … 50cc
　魚のブロード
　（左ページ参照）… 100cc
　生クリーム … 100cc
　バター … 10g
　セルフィーユ（みじん切り）… 適量
　レモン汁 … 少々
　塩・胡椒 … 各少々

作り方

1. 真鱈のマンテカートを作る。真鱈は骨・皮を取り、適当な大きさの切り身にする。**A**

2. 少し強めの塩をし、脱水シートに包み、冷蔵庫で1日寝かせて取り出す。**B**

3. 鍋に**2**と水・牛乳・にんにくを入れ、約30分茹でたら、にんにくと共に取り出し、細かくほぐす。残っていた骨があれば取り除く。**C**

4. **3**の鱈とにんにく、マヨネーズ、卵黄をフードプロセッサーに入れて回し、ペースト状にする。塩・胡椒で味を調える。**D**

5. 里芋のフリコを作る。里芋はよく洗い、蒸し器で竹串が通るまで柔らかく蒸して皮をむき、フォークで軽く潰してパルミジャーノを加え、塩・胡椒で調味する。**E**

6. 1個20gのポーションに取って直径4cmの円形にし、パルミジャーノ（分量外）を表面にまぶしつけ、オリーブオイルを熱したテフロン樹脂加工のフライパンで軽く色付くまで両面を焼く。**F**

7. 白子を準備する。白子適量を塩水（海水濃度）で洗ったあと、真水でぬめりを洗い流し、塩分1%の湯に白子を入れ、再度沸騰したら火を止める。白子の中まで火を通して氷水にとり、よく冷まして水けをきる。**G**

8. ソースを作る。鍋に白ワインを入れて煮詰め、魚のブロードを加えて1/2量になるまで煮詰める。生クリームを加えて2/3量まで煮詰め、バターを加えてつなぐ。セルフィーユ、レモン汁を加え、塩・胡椒で味を調える。

9. フリコにくぼみをつけ、白子適量をのせ、その上に**4**のマンテカート適量をスプーンで盛る。**H**

10. パルミジャーノのパウダー適量（分量外）をふりかけ、180℃のオーブンで約8分、白子が温かくなるまで焼く。皿にのせ、付け合せの野菜を添え、**8**のソースをかける。

A

B

C

D

E

F

G

H

平貝のクルード トリコローレ風

　もう30年も前から作っている料理で、トマトの赤ときゅうりのグリーン、2種の味と色合いのコントラストが爽やかな、夏の一皿です。平貝の淡泊なうま味と食感が好きですが、濃厚な味わいの天然もののホタテ貝で作るときもあります。マスカルポーネは野菜の味の邪魔になりませんし、クリーミーで平貝とも相性がいい。高価なキャビアの代わりに、イクラを使ってもいいでしょう。

材料 1人分

平貝の貝柱 … 1個

A レモン汁・塩・胡椒 … 各少々

マスカルポーネ … 適量
キャビア … 小さじ1

きゅうりドレッシング（左記参照）… 大さじ1
トマトドレッシング（左記）… 大さじ1

シブレット … 適量

作り方

1 平貝は、1/2厚さにスライスし、軽く**A**を
ふって味を調えておく。

2 **1**の表面にマスカルポーネチーズをナッペ
し、キャビアをトッピングする。

3 器にきゅうりドレッシング・トマトドレッ
シングを半面ずつ流し込み、**2**を盛り付け、
シブレットをちらす。

きゅうりドレッシング

材料 作りやすい分量

● ドレッシング
　玉ねぎ（すりおろし）… 1/2個分
　ワインビネガー… 120cc
　サラダオイル … 1ℓ
　塩・白胡椒 … 各少量
きゅうり（すりおろし）… 適量
塩・胡椒 … 各適量
レモン汁 … 適量

作り方

1 ドレッシングを作る。材料をすべてミ
キサーにかける。

2 きゅうりはドレッシングと馴染ませ、
塩・胡椒・レモン汁で味を調える。

トマトドレッシング

材料 作りやすい分量

トマト（裏漉ししたもの）… 適量
ドレッシング（上記参照）… 適量
塩・胡椒 … 各適量
レモン汁 … 適量

作り方

1 ドレッシングを作る。材料をすべてミ
キサーにかける。

2 トマトはドレッシングと馴染ませ、塩・
胡椒・レモン汁で味を調える。

イカ墨の焼きリゾットと
墨イカの炙り焼き

プリモピアットに登場するリゾットをベースにすると、新鮮なイカの風味を丸ごと1杯味わえるアンティパストに仕立てることができます。リゾットにはイカ墨だけでなくワタも使い、コクと味わいをプラス。リゾットはまとめて作り、冷やし固めておけるので、作業効率もいい料理です。イカは刺身でも食べられる新鮮なものを使いますから、リゾットに混ぜてしまうのはもったいない。余すところなく食べてもらえるように、さっと炙り、カラフルな野菜やソースとともに華やかに盛り付けます。海の幸を多彩に楽しませる一皿です。

材料　1人分

米 … 100g
墨イカ … 1パイ
にんにく … 少々
玉ねぎ（みじん切り）… 20g
E.X.V.オリーブオイル … 大さじ1
白ワイン … 大さじ2
水 … 500cc
鶏のブロード（35ページ参照）… 60cc
A トマトソース（35ページ参照）… 大さじ2
　　イカ墨（なければ墨のペースト）… 小さじ1/2
　　イタリアンパセリ（みじん切り）… 大さじ1
　　合わせパン粉（下記参照）… 適量

B ブロッコリー（ボイルしたもの）… 適量
　　ミニパプリカ … 適量
　　小じゃが芋（ボイルしてスライスしたもの）… 適量
　　オリーブオイル … 適量
　　塩・胡椒 … 各適量

トマト（角切り）… 適量
炒めたパン粉 … 適量
グリーンソース（下記参照）… 適量

作り方

1 イカ墨のリゾットを作る。鍋にオリーブオイル大さじ1とにんにくを入れて色付くまで炒めたら、玉ねぎを加えてしんなりするまで炒める。

2 米を入れて軽く炒め、白ワインを注いでアルコール分を飛ばし、水とブロードを加えて約18分煮る。途中、**A**と塩・胡椒各少々、新鮮であればイカのワタ大さじ1（分量外）も加えて味を調える。

3 **2**を型にとってパイ皿にのせ、冷ましてから合わせパン粉をふる。オーブンで表面がカリッとするまで焼く。**A**

4 墨イカは身・足の皮・吸盤をはぎ、部位別にして下処理をする。**B**

5 **4**のイカはさっと網焼きにし、適当に切り分ける。**C**

6 **B**の付け合せの野菜をパイ皿にのせ、オリーブオイルをふりかけてオーブン焼く。塩・胡椒各少々で味を調える

7 皿に**3**、**5**、**6**を盛り付け、トマトを添え、炒めたパン粉とグリーンソースをちらす。

合わせパン粉

材料　作りやすい分量

ドライパン粉 … 50g
パルミジャーノ（すりおろし）… 50g
にんにく … 小さじ1/2
イタリアンパセリ … 大さじ2
塩・白胡椒 … 各少量

作り方

すべての材料をミキサーで回す。

グリーンソース

材料　作りやすい分量

バジリコ … 50g
イタリアンパセリ … 50g
ローズマリー … 1/2枝
オリーブオイル … 200cc
塩・白胡椒 … 各少量

作り方

すべての材料をミキサーで回す。

毛蟹とインサラータ・ルッサ

インサラータ・ルッサはロシア風サラダの意味で、イタリアではじゃが芋のサラダのことです。リストランテの前菜らしく、贅沢に毛蟹を合わせ、じゃが芋以外にも金美人参など食感の良い野菜を加えました。粒マスタードドレッシングで野菜の味を引き締め、オーロラソースで全体の味をバランスよくまとめます。蟹と好相性のフルーツも添えて上品かつ爽やかに仕上げます。

材 料　8人分

毛蟹 … 適量
じゃが芋 … 1個
金美人参 … 1/6本
人参 … 1/6本
カリフラワー … 1/6個
グリンピース … 50g
きゅうりのピクルス … 1本
玉ねぎ（水にさらしたもの）… 1/4個分

A マヨネーズ … 1/2カップ
　　粒マスタード … 大さじ1
　　白ワインビネガー・レモン汁 … 各適量
　　塩・胡椒 … 各少々

B オレンジ・グレープフルーツ・
　　ラズベリーなど … 各適量

オーロラソース（左下参照）… 適量

作り方

1 毛蟹は塩茹でにし、身を取り出しほぐしておく。蟹ミソがあればトッピング用にとっておく。

2 じゃが芋・金美人参・人参は皮をむいて茹でる。茹で上がったら、じゃが芋は1cm角に、人参は5mm角に切る。カリフラワーは茹でて粗みじんに切り、グリンピースはさっと湯がく。ピクルスも粗みじんに切る。

3 ボールに**2**、さらした玉ねぎ、**A**をよく混ぜ合わせ、塩・胡椒で味を調える。

4 皿に**3**適量をスプーンで盛り付け、**1**の毛蟹と蟹ミソをのせ、**B**のフルーツを添える。オーロラソースをかけ、パセリの葉（分量外）をのせる。

オーロラソース

材 料　作りやすい分量

マヨネーズ … 100g
ケチャップ … 小さじ2
ブランデー … 小さじ1/2
ウスターソース … 3滴
レモン汁 … 小さじ1/2
塩・胡椒 … 各少量

作り方

ボールに材料をすべて入れ、混ぜ合わせる。

車エビとホタテ貝の白ワイン蒸し
赤ピーマンソース

赤ピーマンのソースとオマールエビは、お馴染みの組み合わせ。赤ピーマンのソースは、エビや蟹などの魚介類によく合います。ソースのポイントは、赤ピーマンをじっくり炒めて甘みを出すこと。焦がすと、繊細な野菜の持ち味が台無しになりますので注意が必要です。また、漉してなめらかに仕上げることも大切です。エビとホタテ貝はさっと蒸したらすぐ冷やし、レアの状態にしてうま味を活かします。

材料　1人分

車エビ … 1尾
ホタテ貝 … 1枚
モッツァレラ … 1切れ
白ワイン … 適量

A 塩・胡椒 … 各少々
　　レモン汁・オリーブオイル … 各少々
　　赤ピーマンソース（左下参照）… 大さじ1

ミニトマト … 1/2個
セルフィーユ … 少々

赤ピーマンソース

材料　10人分

赤ピーマン（種を取りスライス）… 1個
玉ねぎ（スライス）… 1/4個
サラダオイル … 大さじ1
トマトの水煮 … 150g
鶏のブロード（35ページ参照）… 60cc
水 … 200cc
塩・胡椒 … 各少々
生クリーム … 大さじ2

作り方

1 鍋に油を熱し、玉ねぎを色付けないようしんなりするまで炒める。

2 赤ピーマンを加え、焦がさない程度によく炒める。

3 トマトの水煮、ブロード、水を加え、1/3分量になるまで煮詰める。

4 塩・胡椒で味を調え、裏漉しして冷まし、生クリームを混ぜる。

作り方

1 ホタテ貝は殻をはずし、貝柱だけにする。車エビは竹串で背ワタを抜く。

2 鍋に1の車エビと、材料が半分浸るほどの白ワインを入れ、蓋をして強火でさっと蒸し煮にする。レアの状態にすること。

3 鍋ごと氷水にあてて冷やし、車エビの皮をむく。頭と尾は残しておく。

4 皿に赤ピーマンソースをしき、1のホタテ貝、モッツァレラ、2の車エビの順に重ね、**A**を順にかける。

5 3で残しておいた頭と尾を飾り、ミニトマトとセルフィーユをトッピングする。

アワビとなすのインヴォルティーニ

バルサミコ酢を使った前菜を考えていたときに、バルサミコ酢と相性のいいアワビとなすを組み合わせることを思い付きました。アワビをはさむので、なすは大きい米なすを選び、じっくり焼き揚げにして、ねっとりとした食感と甘みを引き出します。この美味しさが、柔らかくボイルしたアワビのうま味や風味とマッチし、バルサミコ酢が濃厚なソースとなり、アワビが好きな日本人向けの新しいイタリア料理になりました。アワビのように少量でも満足感のある贅沢な素材は、前菜にこそ活用できると思います。

材料　1人分

アワビ … 1/2個
米なす（5mm厚さのスライス）… 2枚
スナップエンドウ … 適量
マコモ茸 … 適量
オリーブオイル … 適量
塩・胡椒 … 各少々
トマトソース（裏漉ししたもの）… 小さじ1
バルサミコ酢 … 適量
芽ねぎ … 適量

作り方

1. アワビは掃除をし、水と白ワインを5対1で合わせた中に、分量外のセロリ・玉ねぎ・大根・塩各適量を入れ、柔らかくなるまで約2時間茹でる。
2. **1**のアワビは厚めにスライスし、塩・胡椒をして、オリーブオイルを熱したフライパンで炒めておく。**A**
3. なすは軽く塩をふってアク抜きをし、水けをよく拭き取る。**B**
4. フライパンになすと浸るくらいのオリーブオイルを入れ、少し透き通るぐらいまで弱火で炒めて取り出し、オイルに浸したまま冷ます。**C**
5. **4**で**2**を巻いてパイ皿にのせ、**4**で残ったオリーブオイルを適量かける。**D**
6. 160℃のオーブンでなすが色付くまで焼きあげる。途中3～4回、パイ皿にたまったオイルをスプーンでかけ、表面が乾き過ぎないようにする。
7. スナップエンドウは茹でる。マコモ茸はオリーブオイルで炒め、塩・胡椒で味を調える。
8. バルサミコ酢は、濃度が薄い場合は、煮詰めて濃度をつける。**E**
9. 皿に**6**と**7**を盛り、トマトソース、**8**のバルサミコ酢をかけ、芽ねぎを飾る。

ヒラメのカルパッチョ ディル風味

鮮魚のカルパッチョは、最近のイタリアでは定番前菜の一つ。カレイや鯛、サンマを使っても美味しく作れます。ただし日本のように完全な生の"刺身"ではなく、オイルや調味料でマリネするのがイタリア流。ガルム（魚醤の一種）を、魚にぬるだけでも魚のうま味がグッと増します。おだやかなディルの風味も、ヒラメの淡泊な味わいにぴったり。絵を描くような美しい盛り付けも、アンティパストならではの楽しみです。

材料　1人分

ヒラメ（スライス）… 4切れ
ガルム（コラトゥーラ）… 少量
E.X.V.オリーブオイル … 少量
レモン汁 … 少量

ディルドレッシング（左下参照）… 小さじ1

セロリ（せん切り）… 適量
ラディッシュ（せん切り）… 適量
シブレット（小口切り）… 適量

A 紅芯大根・柿・梨・赤・黄ピーマンのピクルス
　　トマト・ディルの葉 … 各適量

作り方

1 ヒラメはガルムをハケで少量ぬり、オリーブオイルをかける。

2 **1**は30分ほど冷蔵庫で寝かせてから皿に盛り付けて、レモン汁・ディルドレッシングをかける。

3 ヒラメにセロリとラディッシュをのせてシブレットをふり、**A**のトッピングを添え、セロリにオリーブオイル（分量外）をたらす。

ディルドレッシング

材料　作りやすい分量

● **ドレッシング**
　玉ねぎ（すりおろし）… 1/2個分
　ワインビネガー… 120cc
　サラダオイル … 1ℓ
　塩・白胡椒 … 各少量
ディルの葉 … 適量
塩 … 適量
レモン汁 … 適量

作り方

1 ドレッシングを作る。材料をすべてミキサーにかける。

2 ミキサーにディルの葉、**1**、塩、レモン汁を加えて回す。

バーニャカウダ

店を始めた当時、この料理をメニューに取り入れようと思ったきっかけは、バーニャカウダ専用のポットをピエモンテから持って来ることができたからです。今では日本でも手に入るようですが、当時は貴重でした。本場の赤土のポットは、使い込んでいくと全体に油が馴染み、中に入れたソースにまろやかさやコクが出てきて本当に美味しくなります。アンチョビはペーストになったものを使うと便利ではありますが、塩漬けのアンチョビを戻すところから調理すると、また格別な味わいに仕上がります。野菜は好みのものを。手でつまんで食べるのも楽しい前菜です。

材料　5人分

- ● ソース
    - 塩漬けアンチョビ … 250g
    - E.X.V.オリーブオイル … 300cc
    - バター … 50g
    - にんにく … 35g
    - くるみ（ローストして砕いたもの）… 25g
- ● 野菜
    - セロリ・ミニパプリカ・アンディーブ・
    - 黒大根・赤長大根・赤ピーマン・
    - 黄ピーマン・ブロッコリー・小じゃが芋・
    - トッピナンポ（菊芋）・ルコラなど … 各適量

作り方

1 塩漬けアンチョビは、1〜2時間水に浸して戻し、手開きにして骨・ヒレなどを取る。ザルにあげて水けをよくきる。**A**

2 にんにくは半分にカットし、芽を取る。

3 鍋に同量の水と牛乳（分量外）を入れ、**2**のにんにくを加え、約30分茹でて取り出し、水けをきる。

4 **3**のにんにくはフードプロセッサーに入れ、汁けをきった**1**も入れる。**B**

5 フードプロセッサーを回し、完全なペースト状にする。**C**

6 鍋にオリーブオイル、バターを入れ、**4**を加える。**D**

7 弱火にかける。泡立て器などでよくほぐして混ぜ、30分ほど加熱して味を馴染ませるとソースの完成。**E**

8 専用のバーニャカウダポットに**7**適量とくるみ5gを入れ、ロウソクなどで加熱しながらサービスする。食べやすく切ったトッピングの野菜とともに供する。

毎日変わる前菜で飽きさせない。

石川 恵美子 （いしかわ えみこ）
調理師学校に28歳で入学。『ラ・ヴェルデ』『サルヴァトーレ』で修業後、2000年に文京区白山で独立してデリにも力を入れた『アンジェラ』をオープン。2008年に現在の場所に移転。㈱けい庵アンジェラ神楽坂の代表取締役社長、オーナーシェフを務める。

　私の店は、現在の神楽坂に移転する前の2000年に、文京区の白山でスタートしました。その当時から、前菜料理を充実させ、店内での飲食だけでなくデリにも力を入れてきました。

　当時は、ワインが本格的なブームを迎えていた頃。しかしワインを楽しみながら、気軽に前菜を注文できるところがなかなか無いと感じていました。そこで独立に際して、ショーケースを店頭に置いて常時20〜30種類の前菜を用意し、店内での飲食はもちろんのこと、前菜料理を気軽に持ち帰りもできる店をスタートさせたのでした。

　現在の場所に移っても、店のスタイルは同じ。前菜料理を豊富に揃え、「前菜9種盛り合わせから食事が始まる店」としてお客様から支持をいただいています。

違うジャンルをヒントに、イタリア料理で表現を

　アンティパストとは、セコンドと同じくらい食の中で主役になりうる料理。最初の料理で、お客様に次への期待感を抱かせる役割もありますから、食事の中で一番重要だと考えています。

　お客様は、その日、店の料理に満足していただいたら、「次に来た時には、もっと美味しいものがあるだろう」という期待感も抱くもの。回を追うごとに上がるハードルをクリアして行くことが大事です。間

デリを前提にした調理法も

Angela 神楽坂
石川 恵美子

違っても「前と同じ料理だった」と失望させたくない。だから、一度出した料理は繰り返し出さない方針です。料理の可能性は無限大ですし、特に前菜の料理は楽しんで考えられます。

　一番重視するのは、季節感。そしてヒントにするのは違うジャンル。テレビで旅の番組をちょっと見ただけでも、料理のヒントになります。「地方でこんな使い方をしていた」という手法を、イタリア料理としてどう表現するのか、と考えます。

　食材については、ブランド食材ではなく普通にあるものから美味しい料理を作りたいと考えています。一般に手軽に手に入る素材なのに家庭ではこの味が出せない、という点を大事にしています。そのためにも、手間をかけたり、技法を活かしたりしています。そして、デリを前提にした調理法も、私の店独自のものだと思います。

　さらに、"遊び"も大切。本文で紹介した牡蠣のバストーネでは、パスタ生地の代わりに春巻きの皮を使いました。これをパスタ生地で作っていると、仕込みが大変な量になります。また、パスタ生地には無い食感も楽しめて、お客様にも「あれっ?」という意外な驚きを感じていただけます。もちろん、こうした"遊び"は前菜だからできること。味わいはあくまでもイタリア料理です。前菜はこうした自由な発想ができる料理だと思います。

Angela 神楽坂

神楽坂を上がったところの細い路地の奥にある、古い民家を改装したつくりが特徴の店。料理はコースのみ3800円からで、すべて「前菜9品盛り合わせ」からスタートするのが特徴。開業以来、デリにも力を入れており、季節で15〜20種類の前菜やオリジナル料理を揃え、100g1ピースでテイクアウトを行っている。オードブル盛り合わせの持ち帰りも用意。

- ■住所　東京都新宿区岩戸町23
- ■電話　03-3260-6422
- ■URL　http://www.angela-kagurazaka-italian.com/
- ■営業時間　11:30〜15:00(L.O.14:00)
  　　　　　　18:00〜23:00(L.O.22:00)
  　　　　　　日曜日、祝日は11:30〜17:00
  　　　　　　（L.O.16:00）
- ■定休日　火曜日、第1・3月曜日

スモークカジキのカルピオーネ

カジキマグロとオレンジを組み合わせた、シチリアに代表される南イタリアの料理です。カジキは淡泊な印象の魚ですが、脂がのっていて意外と食べごたえもあります。そこでスモークにかけて燻香で淡白な味わいに個性を出し、それをオレンジを使ってマリネすることで、柑橘類の甘い風味とやさしい酸味で脂肪分をさっぱりとさせ、前菜にできる一品としました。スティッキオの緑色とオレンジとの色のコントラストもあって、見栄えもいい料理です。ちなみにオレンジを使ったマリネ液はオレンジの果肉も入り、スティッキオも加えます。スティッキオはフェンネルを品種改良した食べやすいタイプですので、オレンジと合わせただけでも前菜にすることができます。

材料　4人分

カジキマグロ … 400g
スティッキオ … 4本
塩 … 適量

● **マリネ液**
　オレンジ … 1個
　オレンジジュース … 50g
　レモン汁 … 15g
　蜂蜜 … 25g
　グランマニエ … 15g
　E.X.V.オリーブオイル … 25g

桜チップ … 10g

作り方

1 マリネ液を作る。オレンジは皮を細長くすりおろしたら、皮をむいて果肉を切り取る。残った分は絞ってジュースにしておく。**A**

2 ボールに**1**のジュースと果肉、皮に、レモン汁、蜂蜜、グランマニエを合わせ、混ぜながらE.X.V.オリーブオイルでつなぐ。**B**

3 **2**のマリネ液はバットに移し、スティッキオを縦半分にカットして漬け込む。**C**

4 カジキマグロは、少しきつめに塩をしてしばらく置き、浮いてきた水分を拭き取る。**D**

5 スモークにかける。中華鍋などを利用し、鍋底にしいたアルミホイルに桜チップを置き、網をのせ、強火にかけて煙が出てきたら、その上に**4**をのせ、蓋をして燻す。スモークの時間は、表裏それぞれ1分ずつが目安。**E**

6 スモークを終えたらカジキマグロを取り出して粗熱を取り、スライスして**3**のバットに入れてマリネする。**F**

7 20分くらいマリネしたら、スティッキオ、オレンジ果肉などとともに器に盛る。をちらし、周りに黒胡椒をふる。

鶏モモ肉と栗とマスカルポーネ
アマレット風味

　秋になると、イタリアでも北の地方などでは、町なかで焼き栗が売られるようになります。そうした秋を代表する食材の栗を使った前菜です。栗と鶏肉、マスカルポーネやアマレットは、黄金の組み合わせともいえるほど相性が好いので、それらを組み合わせました。バターで玉ねぎと栗を弱火で炒め、玉ねぎが透き通って栗に半分ほど火が入ったら鶏モモ肉を加え、中火で火を入れます。鶏肉に火が入ったら、アマレット。マスカルポーネは最後に加えて、ソースをつなぐ感覚で和えます。さっぱとした味わいの中に、秋の香りが楽しめます。鍋1つでできるという手軽さも魅力の料理です。

材料　4人分

鶏モモ肉 … 2枚
栗 … 8個
ヘーゼルナッツ … 適量
玉ねぎ … 1/2個
バター … 50g
オリーブオイル … 50cc
アマレット … 70cc
マスカルポーネ … 50g
塩 … 適量

イタリアンパセリ … 適量

作り方

1 栗は、水に浸してふやかし、鬼皮とともに渋皮もむき取っておく。玉ねぎは8等分に、ヘーゼルナッツは煎って皮をむき、粗く刻んでおく。

2 鶏モモ肉は、余分な脂身とスジを取り除き、ひと口大に切り、軽く塩をする。

3 鍋にバターとオイルを熱し、**1**の玉ねぎと栗を入れてソテーする。**A**

4 玉ねぎがしんなりとしたら、**2**のモモ肉を加える。白い料理なので、色付かせないよう注意しながら火を入れる。**B**

5 肉に八割ほど火が通ったら、アマレットをふり入れ、からんだらマスカルポーネを加える。**C**

6 油脂分が分離しないように煮詰め、全体に煮汁がとろりとからんだら、**1**のヘーゼルナッツを加えてからめる。

7 皿に盛り、イタリアンパセリを飾る。

飯ダコのサンタルチア（溺れダコ）

タコを使うナポリの代表的な料理で、日本でもよく知られている一品です。ナポリでは小型のタコが重宝されているため、掃除が大変でも飯ダコを用いた方が味良くできます。ここに出したレシピは定番のもので、気分によってはクミンやフェンネルを加えたりもします。その方が、シンプルなトマトソースに比べて味わいにより奥行きが出て、ワインが進む味に仕上がります。またこの料理は大量に作り、余ったソースに素材を継ぎ足しながら作ると、日を追うごとに美味しさも増していきます。前菜のほか、パスタのソースにも使えますので、冬場の飯ダコの季節には作りたい料理です。

材 料　10人分

飯ダコ … 1kg
にんにく … 2片
タカノツメ … 2本
アンチョビ（フィレ）… 10枚
オリーブオイル … 150cc
トマト（粗漉し）… 300cc
オリーブ … 20個
イタリアンパセリ（みじん切り）… 適量
自家製パン（スライス）… 10枚

作り方

1 飯ダコは、墨袋、目とクチバシを取り除く。足先を切り揃える。卵がある時は、潰さないように注意する。

2 鍋にオイルとにんにく、タカノツメを入れて火にかけ、香りを出したら、**1**のイイダコとアンチョビを加える。

3 飯ダコに火が入ったら、トマトソースを加えて煮る。

4 仕上げにオリーブを入れて合わせる。

5 器に盛り、イタリアンパセリをふる。グリルしたパンを添える。

トマトとモッツァレラと青なすのサラダ

トマト、モッツァレラ、なす。この3種も黄金のを組み合わせといえるでしょう。マリネにしたり、サラダにしたり、パルミジャーナのように焼いたりと、いろいろな料理があります。ここではカプレーゼからヒントを得て、イタリアンカラーのサラダに仕上げました。使ったなすは青なす。別名、緑なす、翡翠なすとも呼ばれる皮が緑色のなすです。緑色を活かしたいのですが、火を入れると色が飛んでしまいますので、ピクルス液に漬けた後に、ジェノヴェーゼで全体を合わせて緑色を強調しました。トマトは甘みの強いチェリートマトを、それに合わせてモッツァレラはボッコンチーノを使いました。

ピクルス液

材料　作りやすい分量

白ワインビネガー… 100cc
白ワイン… 50cc
水… 50cc
グラニュー糖… 30g
にんにく… 1片
コリアンダー… 5〜6粒

作り方

鍋に材料全てを入れ、沸かしてアルコール分をとばし、半量まで詰めてから冷ます。

ペスト・ジェノヴェーゼ

材料　作りやすい分量

バジリコ… 100g
松の実… 20g
アンチョビ（フィレ）… 2枚
にんにく… 1片
パルミジャーノ（すりおろし）… 20g
E.X.V.オリーブオイル… 70g

作り方

材料をミキサーに入れ、ペースト状になるまで回す。

材料　4人分

チェリートマト … 8個
モッツァレラ・ボッコンチーノ … 8個
青なす … 8個
ピクルス液（左記参照）… 100cc
ペスト・ジェノヴェーゼ（左記参照）… 30g

E.X.V.オリーブオイル … 適量
バジリコの葉 … 適量

作り方

1　青なすは皮をむき、丸型で抜く。

2　1は素揚げして、熱いうちにピクルス液に漬ける。

3　チェリートマトはヘタを取り、湯むきする。

4　モッツァレラと3のトマトには塩をする。2のなすはペスト・ジェノベーゼをかけて和える。

5　器に盛り、E.X.V.オリーブオイルをかけ、バジリコの葉を飾る。

里芋と春菊とアンチョビのポテトサラダ

　里芋が出回る10月頃から作る冬の料理で、店で作るお節の料理にも入れている一品です。料理名の「ポテトサラダ」は、分かりやすく親しみが出るようにという意図から付けたもので、実際にはじゃが芋もマヨネーズも入れません。それどころか味付けには塩も使わず、アンチョビの塩けのみ。しかし味わいにパンチがあり、見た目以上にイタリアンテイストです。アンチョビを組み合わせたのは、里芋の土の香りや粘り気に勝てるのが、この素材だったから。さらに、ルーコラよりも苦みのある、旬の春菊を組み合わせます。どことなく酒盗のような味わいもあり、ワインだけでなく日本酒にも合うと思います。

材料　4人分

里芋 … 400g
アサリのブロード（下記参照）… 200cc
春菊 … 1/2把
アンチョビ（フィレ）… 8枚
E.X.V.オリーブオイル … 50cc

春菊（飾り用）… 適量

作り方

1 里芋は皮をむき、酢水（分量外）で洗ってぬめりを取ったら、1cm厚さにスライスする。

2 鍋に里芋がかぶるくらいの水を張ってアサリのブロードを注ぎ、**1**の里芋を入れて火にかけ、やわらかくなるまで茹でる。

3 里芋が茹で上がる30秒ほど前に、春菊を入れて茹でる。

4 **3**はザルにあけて水けをきる。春菊は冷水に取り、よく絞って5mm長さに切る。

5 **4**の里芋は、熱いうちに潰して、アンチョビを加え混ぜ合わせ、塩けをみる。

6 粗熱を取り、**4**の春菊を加え、E.X.V.オリーブオイルを加えて混ぜ合わせる。

7 アイスクリームディッシャーなどを使って丸く取り、器に盛る。春菊を飾る。

アサリのブロード

材料　500cc分

アサリ … 1kg
オリーブオイル … 70cc
にんにく … 1片
水 … 1ℓ

作り方

1 鍋にオリーブオイルとつぶしたにんにくを入れ、弱火にかけ、にんにくの香りを移す。

2 にんにくを取り出し、アサリを入れ、全体に炒めたら、水の半量500ccを加え蓋をする。

3 アサリがすべて開いたら、残りの水を加え、半量になるまで煮詰めて漉す。

カポナータ

前菜盛り合わせなどには欠かせない、定番の料理です。私の店ではデリの持ち帰りにも対応できるよう、一般的な手法とは少し異なる作り方で、魅力を高めるようにしています。まず切り方。身の厚さの調整ができないパプリカの厚みに揃えて、他の野菜類をカットすることで、食べたときの食感を均一にします。ただしなすは少し厚めにカットします。メイン素材ですし、素揚げすると縮むことを考慮した切り方です。素揚げする素材には適した油温がありますので、低い油温で火を通すかぼちゃは最初に、高温でしっかり火を通すなすは最後にと作業性を考えて調理します。最後に、この料理はトマト煮にするところを、トマトソースとなす、ズッキーニ、かぼちゃは冷ましてから合わせます。これはデリでは色あいも大切なため、素材の彩りを活かすためです。

材料　10人分

パプリカ（赤・黄）… 各1個
ズッキーニ … 1本
なす … 5本
かぼちゃ … 1/4個
玉ねぎ … 1/2個
人参 … 1/4本
E.X.V.オリーブオイル … 50cc
にんにく … 2片
白ワイン … 100cc
トマト（粗漉し）… 300cc
塩 … 適量
オレガノ … 適量

作り方

1. ズッキーニは半月切りにし、塩をふって浮いてきたアクと水けを洗って水きりしておく。
2. パプリカは、それぞれヘタと種を取り、1/8の縦切りにし、三角形に切る。A
3. かぼちゃは緑色の部分を少し残して皮をむき、玉ねぎ、人参とともにパプリカと同じ大きさに切る。B
4. なすはピーラーで縦縞が残るよう皮をむき、半月に切る。
5. 3のかぼちゃ、1のズッキーニ、4のなすの順でそれぞれ素揚げし、油をきって軽く塩をし、別容器に入れて冷ます。C
6. 鍋にオイルとにんにくを入れて弱火にかけ、香りが出たらにんにくを取り出し、3の玉ねぎと人参を入れ、軽く塩をして炒める。D
7. 野菜がしんなりとしたら、パプリカを加えて塩をし、軽く炒めて白ワインをふる。E
8. トマトソースを加え、とろりとからむ濃度になるまで煮込んだら、オレガノをふり、別容器に移して冷ます。F
9. 5と8を合わせて器に盛る。G

牡蠣2種　ブッディーノとバストーネ

牡蠣を2種類の料理で楽しませる前菜です。一品はブッディーノ（プリン）、もう一品はバトン状に巻いて挙げたバストーネです。ブッディーノは、バターでソテーして味を凝縮させた牡蠣に、白ワインで酸味を、牛乳でコクを、ブロードでうま味を補い、卵と合わせて湯せんで固めます。見た目の緑は、牡蠣のワタから出た自然な色です。一方のバストーネは、見た目は細めの春巻きで、実際に春巻きの皮を使っています。こうした意外性のある"遊び"が許されるのは、前菜ならではの自由なところだと私は思います。手で持って手軽に食べられる上、サクサクした食べごたえはブッディーノと違いが出て食べ飽きずに楽しめます。もちろん、それぞれ単独でも前菜として満足できる料理です。

材 料　6人分

● ブッディーノ（直径7cmのココット8個分）
　牡蠣（むき身）… 300g
　バター… 10g
　白ワイン … 20cc
　ほうれん草 … 2束
　牛乳 … 100g
　アサリのブロード（65ページ参照）… 40cc
　卵 … 6個

● バストーネ（8本分）
　牡蠣（むき身）… 200g
　長ねぎ（みじん切り）… 1本分
　オリーブオイル … 20cc
　太白ごま油 … 20cc
　春巻きの皮 … 8枚

作り方

1 牡蠣500gはボールに入れて大根おろし（分量外）を加え、軽く混ぜて汚れを取り、水で洗い流しておく。300gをブッディーノに、残りをパネトーネに使う。

2 まずブッディーノを作る。鍋を火にかけてバターを溶かし、**1**の牡蠣300gを加えてソテーし、白ワインを注ぐ。

3 ワインのアルコールを飛ばしたら、ほうれん草、牛乳とブロードを加え、沸いたらアクを取り、火を止める。

4 ミキサーに入れ、なめらかになるまで回したら、卵を1個ずつ加えながら回す。

5 卵が全て入ったら、型に流し、湯せんにかけて20分加熱し、取り出して冷ます。

6 バストーネを作る。鍋にオリーブオイルとごま油を熱し、**1**の残りの牡蠣をソテーする。

7 しっかり火が入ったら取り出し、1cm角に刻む。

8 **6**の鍋で、長ねぎをソテーし、**7**の牡蠣を戻してからめる。

9 春巻きの皮を広げて**8**を細長くのせ、バトン形に包む。

10 熱したオイルに**9**を入れ、色良く揚がったら取り出し、油をきる。

11 **5**のブッディーノを型から抜いて器に盛り、**10**のバストーネを添える。

鹿児島産豚ホホ肉のバルサミコ酢煮

ホホ肉は、安価であっても一般には入手しにくいこともあるため、店で出しやすい部位です。スジ張っていて硬く、掃除が大変なことと、煮込みに時間がかかることなどが難点でも、手間をかけた分の価値感があります。牛肉などではワイン煮にして冬のメイン料理にすることも多いもの。しかしそこにバルサミコ酢も加えて煮ることで、味わいが軽く、うま味も酸味も加わり、前菜としても出せる料理になります。見た目にはこってりとした印象でも、意外としつこくありません。黒い色の料理ですので、赤や黄、緑といった料理の中で色彩を引き締めますので、前菜盛り合わせの一品としても使いやすい料理です。

材料　10人分

豚ホホ肉 … 2kg
小麦粉 … 適量
玉ねぎ（みじん切り）… 2個分
人参（みじん切り）… 1本分
セロリ（みじん切り）… 3本分
オリーブオイル … 300cc
塩 … 適量
白ワイン … 500cc
水 … 500cc
バルサミコ酢 … 300cc

作り方

1 豚ホホ肉は、薄皮を取り除き、ひと口大に切る。

2 鍋にオリーブオイル適量を熱し、玉ねぎ、人参、セロリを加えて塩をし、じっくりと炒めてソフリットを作る。

3 **1**の豚肉は、全体に塩をして小麦粉を薄く付け、**2**の残りのオイルを熱したフライパンで表面に焼き色を付ける。

4 **2**の鍋に**3**の肉を入れ、白ワインを加えてアルコール分を飛ばし、水を加え、蓋をして弱火で煮込む。

5 肉が柔らかくなったら、バルサミコ酢を加え、さらに煮込んで仕上げる。器に盛る。

サバのヴァポーレ

サバというと、一般にはエスカベッシュのように揚げてソースに漬ける料理が連想されやすいもの。でも、イタリアにはこうした料理もあるということを紹介したくて出しています。油で揚げませんので、カロリーが低く女性にも楽しんでいただけます。見た目にはボリュームたっぷりに見えても、小さめのサバを使っています。店では量り売りで人気の前菜となっている料理です。南イタリアの魚介のソースのサルモリッリオを加え、酸味があってさっぱりと食べられます。サバはオリーブオイルでソテーした後、ワインをふり入れて蒸し焼きにすることで、ワインの酸味をまとわせ、ソースとの相性を高めます。本来はチポロットを組み合わせますが、ここでは分葱で代用しました。

材料　20人分

サバ（フィレ）… 4尾分
シャドークイーン … 4個
チポロット … 8本
オリーブオイル … 70cc
白ワイン … 100cc
塩 … 適量
サルモリッリオ（下記参照）… 100g

作り方

1 サバは皮目に切り目を入れ、塩をふる。

2 鍋にオイルを熱し、**1**のサバを身の方から入れ、シャドークイーンとチポロットも加える。サバは両面を色よくソテーする。

3 野菜に油がからんだら、ワインをふり、蓋をして蒸し焼きにする。

4 サバに火が通ったら取り出し、器に盛る。野菜類はそのまま加熱し、火を入れる。

5 野菜に火が通ったら**4**の器に盛り、サルモリッリオをかける。

サルモリッリオ

材料　作りやすい分量

イタリアンパセリ … 2本
ケッパー … 10g
にんにく（みじん切り）… 1片分
レモンの皮（すりおろし）… 1/2個分
レモン汁 … 1/2個分
オリーブオイル … 100cc

作り方

材料をすべて混ぜ合わせる。

カリフラワーとパンチェッタのズッパ

生のカリフラワーが出回る、秋から冬にかけての料理です。ちょうどその時期は、テレビなどでもシチューのCM放送が始まり、やさしくて温かい料理が意識される頃。そうしたタイミングもあり、店を始めた頃から人気の料理です。前菜としてお出しすると、やさしい味わいで空腹感をやわらげ、次の料理への期待感が高まります。カリフラワーは持ち味を活かしたいので、味を凝縮させるためしっかりと炒めます。ただし、なるべく色を付けたくないので、カリフラワーが色付く直前にブロードを加えます。そのブロードもカリフラワーに火を通すためのもので、最低限の水分。多いと繊細なカリフラワーの味わいが負けてしまうためです。さらに漉してポタージュにせず、自然に煮崩れしたまま楽しませます。この料理も、鍋1個で作れる点でも魅力です。

材料　4人分

カリフラワー…1株
パンチェッタ…50g
玉ねぎ（5mm角切り）…1/2個分
バター…30g
E.X.V.オリーブオイル…30g
牛乳…400cc
鶏のブロード（下記参照）…100cc
塩…適量

パルミジャーノ（すりおろし）…適量

作り方

1. パンチェッタは、飾り用に使う分として4枚を薄くスライスし、残りは粗みじん切りにする。カリフラワーはざく切りにせず、茎の分かれ目のところでカットする。**A**
2. 油をしかない鍋を火にかけ、**1**のスライスしたパンチェッタを入れてカリカリに焼き、取り出す。
3. **2**の鍋に、**1**の残りのパンチェッタと玉ねぎを入れ、パンチェッタから出た油でソテーする。
4. 玉ねぎがしんなりしてきたら、**1**のカリフラワーを加え、じっくりとソテーする。**B**
5. カリフラワーが色付く直前になったら、ブロードを加え、沸騰させる。
6. カリフラワーの硬さが半分くらい柔らかくなったら、牛乳を加え、カリフラワーが自然に崩れるまでじっくり煮込む。塩で味を調える。**C**
7. 器に盛り、パルミジャーノをかけ、**2**のパンチェッタを添える。

鶏のブロード

材料　2.5ℓ分

手羽元…2kg
玉ねぎ…1個
人参…1本
セロリ…2本
生姜…50g
パセリの…茎6〜7本
水…5ℓ

作り方

材料をすべて混ぜ合わせる。

タヴェルナの前菜は、ワインが進

今井　寿（いまい ひさし）

97年フレンチの坂井宏行氏の「リストランテ・ドンタリアン」でシェフに。99年、「オステリア・イル・ピッチョーネ」シェフ。07年『オステリア・ラ・ピリカ』総料理長。2000年に独立し『Taverna I』を東京・目白台に開業。2003年に目黒に2号店を開業。アルトゥージ司厨士協会日本支部副会長。

　アンティパストは、お客様が最初に口にする料理なので、店の味の特徴をきちんと伝える役割もあります。ワクワクするような魅力の高いアンティパストが、次の皿だけでなく次回の来店にまでつなげることができるのです。

　私がアンティパストで意識するのは、ワインが進む料理であることです。私の店はタヴェルナですので、前菜をメインにたくさん注文していただき、賑やかにワイワイと楽しんで欲しい。だから、よりワインが進む内容にしたいと思っています。そのために、揚げ物、冷製、炒め物、煮物…などをバラエティー豊かに揃えています。

　味わいとしては、重くてはアンティパストとしてはだめですが、それ一皿でもインパクトのある料理、お客様の印象に残る料理であることも、重視している点です。

　そこで素材の傾向としては、しっかりとした味わいのもの。野菜にしても、野菜の持ち味のあるもの、味の濃いものを採用します。そのために、生産者は有機生産のところを選び、各地からお任せで取り寄せています。特に、素材の持ち味を活かして手をあまりかけない料理に関しては、素材の味で勝負する料理になりますから、なおさらです。

　店ではアンティパストの品数は、グランドメニューで15品ほどに対して、旬の食材を使った黒板メニュ

む味、手軽で印象的な料理

Taverna I
今井　寿

ーを20品と豊富に用意して、季節感を大切にします。使う素材も、魚・肉・野菜をうまく構成していく。注文してみたくなる料理に仕立てることも重要です。

イタリア素材も日本の素材も、理解を深めた上で使う

　私自身はイタリアの郷土料理に興味を持っていますが、現実問題として日本とイタリアでは、採れる素材が違いますので、それぞれの持ち味を活かすアレンジは積極的に取り入れています。

　イタリア独自の技法にこだわり過ぎても、素材の持ち味を活かしきれないのでは意味がありません。日本で入手できる質の高い食材をきちんと理解した上で、いかにイタリアらしい料理にするかが重要だと思います。

　ただし、調味料に関しては日本のものを使うことは避けています。日本は醤油と味噌の文化と言われ、それは日本ならではの独自性です。だから、それらを使ってしまうと、イタリア料理ではなくなってしまいます。

　調理法に関しては、イタリア料理の伝統的な技法や新しい技法をベースにして、アレンジを加えています。例えば、チーズやハム類、バルサミコ酢やオリーブオイルなどは、その使い方をきちんと把握していれば、それらはそのままアンティパストの素材になりますし、調味料代わりに使うこともでき、アンティパストの幅を広げることもできます。

Taverna I 本店

最寄り駅から離れた場所で、地方色豊かなイタリア料理を提供し、人気を集める店。有機野菜をふんだんに使った料理や、本格的なイタリア伝統の郷土料理に加え、楽しいワインのおつまみを豊富に揃えており、近隣の食通のお客や遠方から来るお客に人気を集めている。ランチコースは2400円から。ディナーコースは3500円から（ともに税別）。

- ■住所　東京都文京区関口3-18-4
  　　　　フェリーチェ目白台1階
- ■電話　03-6912-0780
- ■URL　http://www.taverna-i.com
- ■営業時間　11:30～14:00 L.O.
  　　　　　17:30～21:30 L.O.
  　　　　　（土曜日、日曜日、祝日は
  　　　　　12:00～21:30 L.O.）
- ■定休日　火曜日
  　　　　（祝日の場合は翌日に振り替え）

魚介のボイル
茹で玉子のフィレンツェ風ソース

この料理で用いたのは、イタリアで最も知られるサルサ・ヴェルデです。必ず酸味をきかせ、さらにアンチョビを加えたりピエモンテ風に唐辛子を加えたりと、様々な配合ができる馴染み深いソースです。ポイントは、パンと卵黄を入れることでしっかりとした味に仕上げる点。ボイルした肉や野菜に合うだけではなく、魚介類を細かく刻んでショートパスタとともに和えると、プリモピアットにもできる、使い勝手のいいソースです。

材料　6人分

好みの魚介類 … 適量
白ワイン … 少々
ラディッキオ … 適量
塩 … 適量

● **サルサ・ヴェルデ**
　茹で玉子の黄身 … 3個分
　ケッパー … 10g
　グリーンオリーブ … 4粒
　パン（バターを使わないもの）… 20g
　パセリの葉 … 10g
　白ワインビネガー（パン用）… 15cc
　白ワインビネガー … 45cc
　E.X.V.オリーブオイル … 100cc
　にんにく（みじん切り）… 1/2片分
　塩・胡椒 … 各適量

作り方

1　ソースを作る。パンは白ワインビネガーを注ぎ、ほぐしておく。ケッパー、オリーブは水にさらし、塩分を抜いておく。**A**

2　茹で玉子の黄身は裏漉しをし、**1**のパンと合わせてよくほぐす。**B**

3　フードプロセッサーに、**1**のケッパーとオリーブ、パセリの葉、白ワインビネガー、にんにく、**2**を入れて回す。**C**

4　ボールにあけ、オリーブオイルを少しずつ加えながら混ぜ合わせ、クリーム状のソースに仕上げる。**D**

5　たっぷりの湯を沸騰させ、白ワインと湯の3％量の塩を加えてから、魚介を入れる。火が入ったら取り出し、水けをきる。**E**

6　皿に盛り付け、**4**のソースを添える。

ムール貝のスカモルツァチーズ詰め
パン粉焼き

イタリアでもムール貝をよく食べることで知られる、プーリアでご馳走になった料理です。ムール貝はシンプルにワイン蒸しにしても美味しいもの。それにさらに手間をかけて、サルシッチャとスカモルツァを詰めてパン粉焼きにしました。ムール貝自体の味わいはクセがなく淡白なもの。それにチーズと挽き肉を合わせても、貝のうま味はしっかりと楽しめるのが不思議なところです。スカモルツァはスモークしたものの方が合います。ここで使ったサルシッチャは、プーリアのお婆ちゃんに教わった手法で、簡単に作れていろいろな料理に利用できます。日持ちもしますので、人量に仕込んで活用してみてください。

材料　4人分

ムール貝 … 24個
にんにく（つぶしたもの） … 1片分
白ワイン … 60cc
オリーブオイル … 適量
スカモルツァ・アフミカータ（みじん切り） … 50g
サルシッチャ（右記参照） … 50g
小麦粉 … 適量
卵 … 2個
パン粉（細挽き） … 適量
トマトソース（右記参照） … 100cc
ペスト・ジェノヴェーゼ（右記参照） … 少量

作り方

1 鍋にオリーブオイルとにんにくを入れて火にかけ、弱火でキツネ色に炒めたら、ムール貝と白ワインを入れて蓋をし、蒸す。

2 蒸し上げたら取り出し、殻から身を外しておく。鍋に残った汁は取っておく。

3 サルシッチャは、オイルを熱したフライパンで炒めたら、冷ましてスカモルツァとよく混ぜ合わせる。

4 2のムール貝の身に、3をぬり詰めたら、小麦粉、溶きほぐした卵、パン粉の順で付ける。

5 オリーブオイルを熱したフライパンに4を入れ、こんがりと焼き上げる。

6 2の汁は、漉してからトマトソースと合わせ、半量に煮詰める。

7 器に6を流し、5を盛り付け、ペスト・ジェノヴェーゼをかける。

サルシッチャ

材料　作りやすい分量

豚肩ロース（粗挽き） … 3kg
豚バラ（粗挽き） … 1kg
ローズマリー（フレッシュ） … 40g
にんにく（みじん切り） … 5個分
黒胡椒（粗挽き） … 40g
赤ワイン … 300cc
塩 … 70g

作り方

材料をすべて合わせてよく混ぜ、一晩置いて馴染ませてから使う。

トマトソース

材料　作りやすい分量

サンマルツァーノ種トマトホール（1号缶） … 4缶
玉ねぎ（みじん切り） … 400g
ローリエ … 1枚
にんにく（みじん切り） … 大さじ1
E.X.V.オリーブオイル … 適量
バジリコの葉 … 4枚
粗塩・塩 … 各適量

作り方

1 トマトは手でつぶしておく。

2 鍋に玉ねぎを入れて塩をふり、オリーブオイルとローリエを入れて炒める。

3 玉ねぎがしんなりしたらにんにくを加えてさらに炒め、香りが出たら1を入れる。

4 粗塩を入れ、沸騰したら弱火に落とし、10〜15分煮る。バジリコの葉をちぎって入れる。

ペスト・ジェノヴェーゼ

材料　作りやすい分量

バジリコの葉 … 120g
松の実（煎ったもの） … 20g
にんにく … 1片
パルミジャーノ（すりおろし） … 60g
E.X.V.オリーブオイル … 100cc

作り方

1 冷やしたミキサーに、松の実、にんにく、パルミジャーノ、バジリコの葉の順で入れ、最後にオリーブオイルを注ぐ。

2 最初は軽く、馴染んだら通常のスピードで回し、ペースト状にする。黒く変色しやすいので、必要以上に回さないこと。

イワシのボンバ

仕込み置きして、人数分を切り分けて供するアンティパストです。そのドーム状の形から、「帽子」「爆弾」の意味のボンバと名付けました。青魚を使うのはカラブリアの料理で、青魚の香りと相性のいい南の野菜・チコーリアを入れます。独特の苦みが特徴の野菜で、現在では冷凍品が輸入されています。手に入らない場合は、春菊でも代用できます。コクと味を引き締めるために、中にサルデッラ（シラスの唐辛子漬け）を加えます。

材料　4人分

イワシ … 18尾

A ペコリーノ・ロマーノ（すりおろし）… 50ｇ
　パン粉 … 75ｇ
　にんにく（みじん切り）… 1片分
　イタリアンパセリ（みじん切り）… 1束分

チコーリア … 120ｇ
サルデッラ … 大さじ1
オリーブオイル … 適量
塩・胡椒 … 各適量
セミドライトマト（みじん切り）… 適量

作り方

1 イワシはウロコを引き、三枚におろして腹骨を除いておく。

2 **A**の材料は、ボールに入れてよく混ぜ合わせておく。

3 チコーリアは、3％の塩を入れた熱湯で茹で上げ、氷水に取って冷やし、水けをよく絞る。

4 フライパンにオリーブオイルを熱し、**3**を約2cm長さに刻んで入れ、サルデッラを加え、軽く炒めて塩・胡椒で味を調える。

5 **1**のイワシは耐熱皿に皮目を下にして縁からはみ出させるように並べ、軽く塩・胡椒をする。**A**

6 **5**は、**2**を詰め、**3**をのせて平らにならす。**B**

7 イワシのはみ出した部分で、蓋をするように閉じたら、180℃のオーブンに入れ、25分間焼き上げる。**C**

6 皿に盛り付け、セミドライトマトを飾る。E.X.V.オリーブオイル（分量外）をふる。

A

B

C

バッカラのグラタン

バッカラ(干し鱈)はトマト煮にしたり、身の厚いものはカルパッチョにしたりと、イタリアでは比較的お馴染みの素材。ただ、戻すのに時間と手間がかかるためか、日本ではまだあまり使われていない素材です。前菜としてよく用いられている素材でもありますので、ここではマッシュポテトと合わせてグラタンにしてみました。バッカラの調理のポイントは、何といっても戻し方にあります。戻し加減が過ぎると、かえってパサつくことになりますので、注意してください。

材料　1人分

バッカラ … 250g

A 玉ねぎ (スライス) … 100g
　　人参 (スライス) … 30g
　　セロリ (スライス) … 30g
　　白ワイン … 少々
　　タイム … 3枚

じゃが芋 (茹でて裏漉ししたもの) … 250g
牛乳 … 120cc
パルミジャーノ (すりおろし) … 30g
E.X.V.オリーブオイル … 30cc
バター … 20g
パン粉 (細かいもの) … 適量
澄ましバター … 少々
塩・胡椒 … 各適量

作り方

1 バッカラは塩を洗い流し、たっぷりの水に浸け、毎日水を取り替えながら4〜5日間塩抜きをする。

2 塩が抜けた**1**は、水を張った大きめの鍋に入れ、Aを加えて、アクを除きながら柔らかくなるまで茹でる。

3 茹で上がったらバッカラを取り出し、手でほぐす。

4 ボールに**3**を入れ、じゃが芋、牛乳、パルミジャーノ、オリーブオイル、バターを加えてよく混ぜ合わせる。

5 ココットの内側に分量外のバターをぬり、**4**を詰め、パン粉をふり、パン粉が湿る程度に澄ましバターをふり、180℃のオーブンで7〜8分焼き上げる。

ツナのスプモーニ

イタリア料理では、魚介類にラルドやパンチェッタなどの豚の脂を巻いて食べる料理が多くあります。そこで淡白な素材のツナとマスカルポーネに、塩けのあるグァンチャーレを組み合わせて前菜に仕立てました。ツナのスプモーニの中で濃厚な風味のグァンチャーレを感じさせるよう、食感を残すように仕上げるのがコツです。塩けが強いので、ここではクロスティーニにしました。このスプモーニは、野菜類とも合わせられます。

材料　4人分

ツナ … 220g
グァンチャーレ … 50g
グラッパ … 15cc
マスカルポーネ … 120g
バター … 20g
塩・胡椒 … 各適量

チャバッタ（1cm厚さに切ってトーストしたもの）… 適量

グァンチャーレ（飾り用。スライス）… 適量
好みの野菜 … 適量
イタリアンパセリ … 適量

作り方

1 グァンチャーレは小角切りにし、ツナと共にフードプロセッサーに入れて回す。

2 マスカルポーネとバターはボールに入れ、混ぜ合わせてポマード状にする。

3 **2**に、**1**とグラッパを入れてさらに混ぜ合わせ、塩・胡椒で味を調える。

4 **3**は絞り袋に入れてチャバッタの上に絞り、好みの野菜とグァンチャーレのスライスを添える。イタリアンパセリを飾る。

塩パンナコッタ
ウニとじゅんさいを添えて

料理名通り、ドルチェのパンナコッタに似せて考えたオリジナルの前菜です。元々は、コンソメゼリーと食材を組み合わせた料理をヒントにしたのがきっかけで、これを考えた当時、「塩○○」といった料理名が話題になっていましたので、塩パンナコッタとしました。ドルチェではありませんので、加えたグラニュー糖はなめらかさを出すためのもので、味のためではありません。繊細なので、アルコールで風味を付けることもしません。クリームのコクとほど良い塩け、ねっとりとした舌触りが、食欲を高めます。同じく食感を楽しませるものとして、ウニとじゅんさいを添えました。トリュフ塩をかけても合います。

材料　4人分

生クリーム（乳脂肪47％）… 250cc
牛乳 … 125cc
ゼラチン … 6g
塩 … 4g
グラニュー糖 … 2g

ウニ … 適量
じゅんさい … 適量
アサリのブロード（下記参照。または昆布だし）… 適量
レモンフレーバーオリーブオイル … 適量

作り方

1 ゼラチンは氷水で戻し、よく水分を拭いておく。

2 生クリーム、牛乳、塩、グラニュー糖を鍋に入れ、弱火で沸騰させないよう、60℃で3分ほど軽く煮込む。

3 **2**は火からおろして**1**を入れ、よく溶かして粗熱を取る。

4 **3**は漉してからプリンカップに入れ、冷蔵庫で冷やし固める。

5 器に**4**をカップから出して盛り、上にウニを添える。冷やしたアサリのブロードを注ぎ、じゅんさいを入れる。レモンフレーバーオリーブオイルを回しかける。

アサリのブロード

材料　1ℓ分

アサリ（殻付き）… 1kg
水 … 2ℓ
白ワイン … 90cc
玉ねぎ（厚めのスライス）… 100g
セロリ（厚めのスライス）… 50g
エシャロット … 50g
にんにく … 1片

作り方

1 アサリは流水でさらして、砂と塩をはかせておく。

2 **1**のアサリは、残りの材料とともに寸胴に入れ、火にかける。

3 沸騰したら弱火にしてアクを取り、弱火のまま40分煮込み、網で漉す。

パルミジャーノのプリン

パルマに行ったときにトラットリアで食べた料理を、アレンジした一品です。産地ならではの、パルミジャーノの利用法の一つとして参考になる料理です。現地で食べた料理は生クリームを使っていて、日本でのアンティパストとしては重いと感じましたので、牛乳とブロードに代えて軽さを出しました。カラメルの香ばしさが、食欲を誘います。

材料　6人分

牛乳 … 250cc
鶏のブロード（下記参照）… 250cc
パルミジャーノ（すりおろし）… 120g
卵 … 4個
グラニュー糖 … 80g
ミント … 適量

● **付け合せ（クロッカンテ）**
　　パルミジャーノ（すりおろし）… 適量

鶏のブロード

材料　8ℓ分

鶏ガラ … 5kg
玉ねぎ … 3個
にんにく … 1株
セロリ … 2本
ローリエ … 2枚
白ワイン … 360cc
岩塩 … 少々
水 … 適量

作り方

1 鶏ガラは、血合い、内臓を取り、一度茹でこぼしてから流水に20分ほどさらす。

2 深鍋に、**1**、頭に十字に庖丁目を入れた玉ねぎと人参、適当に切ったセロリ、にんにくは皮付きのまま入れ、水を張って強火にかける。

3 沸騰したら弱火にし、軽い沸騰状態を保ってアクを取りながら煮出す。

4 3時間ほど煮込んだら、漉して使う。

作り方

1 牛乳,とブロードは鍋に入れて合わせ、人肌に温めておく。

2 **1**に卵を加えてよく混ぜ合わせ、一度漉してから、パルミジャーノを加えて混ぜ合わせる。

3 鍋にグラニュー糖を入れ、数滴水をたらして火にかけ、カラメルを作る。

4 プリン型に**3**を流し、**2**を注ぐ。

5 水を張ったバットに**4**を並べ、湯せんをしながら160℃のオーブンで20～30分焼く。

6 焼き上がったら、氷水を張ったバットに移し、冷ます。

7 付け合せのクロッカンテを作る。テフロンのフライパンにパルミジャーノの粉を広げ、弱火にかける。チーズが溶けてキツネ色になったら裏返す。両面を焼いたら、取り出して油分をきり、カットする。

8 **6**を型から抜いて皿に盛る。**7**をさし、削ったパルミジャーノをちらし、ミントを飾る。好みで洋梨のスライスを添え、パルミジャーノをちらしてもよい。

干し柿のゴルゴンゾーラチーズ詰め
フリット

イタリアにも柿があります（Cacho。複数形は日本と同様にCachi）。
柿をとろとろになるまで熟成させてバルサミコ酢と合わせ、ローストポークのソースにしたものは、とても美味しいものです。イタリア食材と柿は合うことから、この料理を思いつきました。イタリアには日本のような干し柿はありません。しかしあっさりとした甘みは、アマレッティの風味やゴルゴンゾーラの塩けがよく合います。そこで、干し柿にこれらの素材を詰めて、フリットにしました。干し柿は、ころ柿よりも、よりジューシーなあんぽ柿が合います。揚げ油は、オリーブオイルでは香りが邪魔になりますので、ひまわりオイルかグレープシードオイルを使ってください。

材料　6人分

干し柿…12個
ゴルゴンゾーラ（ピカンテ）…180g
アマレッティ…6個
薄力粉…100g
コーンスターチ…40g
炭酸水…約160cc
ひまわり油…適量
パルミジャーノ（すりおろし）…適量
サバ…適量

作り方

1　干し柿は、開いて種を取る。

2　ゴルゴンゾーラをボールに入れ、アマレッティを手でつぶしながら入れ、軽く混ぜ合わせる。

3　1に2をのせ、丸める。

4　薄力粉、コーンスターチを合わせて炭酸水を入れ、揚げ衣を作る。

5　3に4の衣を付け、170℃に熱したひまわり油で揚げる。

6　油をきって器に盛り、パルミジャーノをふり、サバをかける。

鴨のムース マルサラ酒のゼラチン添え

鴨肉で作る前菜には、ムースやリエットが多く、その場合、鴨肉にマルサラ酒やポートワインを合わせることが多いもの。そこでここでは、マルサラ酒をゼリー仕立てにして、ムースの上にのせました。周りにポロねぎを貼って円柱形に仕上げ、視覚的にも楽しめるようにすると、お洒落な一品になります。マルサラ酒は、ポートワインやスイートベルモットに代えてもいいでしょう。

材料　8人分

鴨ムネ肉 … 200g
鴨レバー … 150g
バター … 150g
生クリーム … 150cc
ポロねぎ（小角切り）… 100g
マルサラ酒 … 150cc
板ゼラチン … 15g
胡椒パン（下記参照）… 適量
塩 … 適量
トリュフオイル … 少々

トリュフ … 少々
セルフィーユ … 適量

胡椒パン

材料　40cm長さ×4本

テイッポ「0」粉 … 1kg
砂糖 … 20g
インスタントイースト … 10g
ラード（またはショートニング）… 150g
水 … 600cc
黒胡椒 … 3g
E.X.V.オリーブオイル … 60cc
パルミジャーノ（すりおろし）… 60g

作り方

1. ボールに全ての材料を入れてよくこね、丸く成形する。
2. 別ボールに分量外のオリーブオイルをぬり、1を入れ、ラップをして25〜28℃くらいのところに置き、一次発酵させる。
3. 2の生地が倍くらいの大きさに膨らんだら、パンチングをして空気を抜き、四等分に分割し、棒状に成形して、25〜28℃くらいのところで二次発酵させる。
4. 3の生地が倍くらいの大きさに膨らんだら、生地に切れ込みを入れ、200℃のオーブンで20分ほど焼く。

作り方

1. マルサラ酒のゼリーを作る。板ゼラチンは水で戻しておく。
2. マルサラ酒は鍋に入れて火にかけ、50ccまで煮詰めたら、戻した板ゼラチンを入れて溶かし、一度漉してバットにあけ、薄く広げて固め、セルクル型に合わせて型抜きしておく。
3. 胡椒パンはセルクルの大きさに合わせて型ぬきしておく。
4. 鴨のムースを作る。鴨ムネ肉は皮を取り、筋を引いて小角切りにする。皮は取っておく。鴨レバーは水にさらして血抜きをしておく。 A
5. 鍋にバターの半量を熱し、肉とレバーを入れて炒め、肉の色が変わったら、生クリームを注ぐ。焦がさないよう、弱火で10分ほど煮込む。 B
6. 5をフードプロセッサーに入れ、5の残りのバターとトリュフオイルを入れて回す。ペースト状になったら、塩で味を調える。 C
7. 4で取っておいた鴨の皮は、油でカリカリに揚げ、ポテトマッシャーなどで脂をよく絞り、棒状に切る。 D
8. 丸型の内側に、分量外の茹でたポロねぎの皮を貼り、2のマルサラ酒のゼリーと3の胡椒パンを入れ、続いて6を絞り、さらに胡椒パンを入れる。
9. 8を型から抜いて皿に盛り、7とスライスしたトリュフをのせる。セルフィーユを飾る。

A

B

C

D

リードヴォーのマリネ

リードヴォーを使った、ヴェネチアの料理です。白ワインビネガーとホワイトバルサミコ酢などで漬け込み、甘さと酸味で食欲を増進させる前菜に仕立てます。リードヴォー自体はセコンドにも用いられる素材ですが、さっぱりと食べられることもあり、小ポーションで提供することでアンティパストにもできます。温かくても、冷たいままでも出せる料理です。

材料　6人分

リードヴォー… 300g
玉ねぎ（スライス）… 200g
白ワインビネガー… 45cc
ホワイトバルサミコ酢 … 45cc
セモリナ粉 … 適量
バター… 20g
塩・胡椒 … 各適量
ひまわり油 … 適量

● ポレンタ
　ポレンタ粉 … 40g
　バター　20g
　パルミジャーノ（すりおろし）… 20g
　水 … 250cc
　白いんげん豆（水煮）… 60g
　豚の背脂 … 200g

セルフィーユ … 適量

作り方

1 付け合せのポレンタを作る。豚の背脂は、小角切りにして弱火で炒め、脂分をよく出して絞っておく。

2 鍋にポレンタ粉、バターと水を入れ、弱火にかける。10分ほどよく練り上げ、火からおろし、パルミジャーノ、白いんげん豆、1の背油を加えて混ぜ合わせ、型に入れて固める。

3 ポレンタが固まったら型から取り出し、三角にカットして表面をグリルする。

4 リードヴォーは表面の薄皮を取り、角切りにして塩・胡椒をし、セモリナ粉を付けて170℃のひまわり油で揚げて取り出し、油をきる。

5 鍋にバターを入れ、玉ねぎを甘みが出るまで炒めたら、白ワインビネガーとホワイトバルサミコ酢を注いで軽く煮込み、塩・胡椒で味を調えてから4を入れ、からめる。

6 5を皿に盛り、3を添える。セルフィーユを飾る。

地元・埼玉産の素材で、視覚でも

小川 洋行（おがわ ひろゆき）

大宮「リストランテ・ベネチア」で修業後、東京・笹塚で「サルサ・ズッカ」を開業。その後、ミラノ5つ星ホテル「Hotel principe di savoia」、サルデーニャやリグーリアなどで修業。再びシェフとして「リストランテ・ベネチア」へ。2013年、現店舗で独立。

　お客様が店で一番初めに口にするアンティパストは、店全体の料理の"入口"と言えます。その料理を見れば、店の料理の大まかな印象や店の実力など様々なことが分かるという意味でも、大切な位置にあるといえるでしょう。

　とはいえ、メインの料理まで食べていただきたいので、前菜ではあまりボリューム面を重視するわけには行きません。私の店はリストランテですので、前菜にも豪華さや贅沢感は出しますが、満足度は高くても、味付けの面で重くならないように注意しています。

　素材としては、埼玉の野菜や肉、川魚など、なるべく地元の素材を使うようにしています。というのは、地元の食材にあまり関心が無い人が意外と多いと感じているからです。埼玉には、熱心な農家のかたが集まって「ヨーロッパ野菜研究会」を作り、イタリア野菜をはじめ質の高い野菜を作っています。

　他地域でも素晴らしい野菜を作っているところはありますが、それらを扱う店は、都内に足をのばせばたくさんありますので、私の店のように都内から離れ、さらに駅からも離れた場所の店では、他では出していない素材を使うことで個性を出すようにしたい。せっかく地元にいいものがあるのですから、そうした素材をぜひ知っていただきたいと思っています。

味覚でも楽しませる前菜に

Ristorante Ogawa

小川 洋行

テーブルで歓声が上がるほどの感動を前菜の一品で

　前菜の料理では、素材的には肉よりも、魚介や野菜類が多くなりますが、それだけではお客様も物足りなく感じますので、それ以外にも魅力を高めるために工夫をしています。

　例えば魚のカルパッチョ。切って塩とオイルだけで楽しむだけでは魅力がありませんので、自家製ドレッシングを研究したり、盛り付けでも贅沢感をだしたりします。特にドレッシングに関しては、ジュレにしてキラキラ感を出したり、トマトウォーターでうま味とコクを強化したり、トマトパウダーでちょっとした香りと味わいを添えたりと、見た目に加え味わいでも魅力を高めています。

　また、埼玉県産のダチョウ肉を使ったカルパッチョのように、家庭ではとてもできない料理も揃えたりします。この料理には、トリュフもたっぷりと使い、魅力の高い一品にしています。

　盛り付けも重視し、季節で飾り付けを変えたり、添え物のハーブや野菜も一般には無いものを添えたりします。家庭では決して食べられない素材と味わい、贅沢感を出すのがリストランテの前菜だと思います。

　こうした料理だと、テーブルに運んだ時、「わっ！」と歓声が上がり、感動していただけます。喜んでもらい、「来て良かった」と感動してもらえる前菜を出すことで、次の料理への期待感もさらに高められます。

Ristorante Ogawa

各地の旬の食材に加え、地元・埼玉産の野菜や肉などを積極的に使ったメニューを、コースやアラカルトで提供。最寄りのJR大宮駅からは徒歩で15分という場所ながら、地元に根ざした本格派のリストランテとして遠方から来るファンを集めている。ランチは1800円から、ディナーコースは5500円から（ともに税別）。日本イタリア料理協会実行委員。

- ■住所　埼玉県さいたま市大宮区東町
　　　　2-288-1 鈴木ビル1階
- ■電話　048-783-3324
- ■URL　http://www.ristorante-ogawa.com
- ■営業時間　11:30～14:00 L.O.
　　　　　　 18:00～22:00 L.O.
- ■定休日　日曜日

真鯛のサルティンボッカ
スティッキオのパルス風味添え

イタリア人が大好きなサルティンボッカ。日本でもよく知られた料理です。仔牛肉で作るこの料理を前菜の一皿にするに当たって、「淡白な肉で作る」料理と考え、仔牛ではなく白身魚を使うことで、より淡白でお腹の負担にならない料理に仕上げました。アレンジを加えたのが、ハーブです。サルティンボッカに使われるハーブはセージで、白身魚を使うこの料理でもセージは合わせても美味しく仕上がります。しかし鯛に合わせるハーブとしては、タイムの方がより相性がいいことから、あえてタイムを組み合わせました。付け合わせのスティッキオは、塩分濃度1%の湯で、添える程度の火加減で茹でて火を通します。このことで、甘みが引き出せます。

材料　1人分

真鯛（切り身）… 100g
タイム … 適量
生ハム（スライス）… 1枚
小麦粉 … 適量
オリーブオイル … 適量
白ワイン … 50cc
鯛のブロード（下記参照）… 大さじ2
トマト（小角切り）… 大さじ1
イタリアンパセリ … 適量
バター … 20g
塩・胡椒 … 各適量

スティッキオ … 1本
パルミジャーノレッジャーノ（すりおろし）… 適量
タイム … 適量
イタリアンパセリ（刻んだもの）… 適量

作り方

1. スティッキオは、根の部分を半分にカットし、塩茹でにする。A
2. 火が通ったら、取り出して水けをきり、パルミジャーノをふり、少量のオリーブオイルをふって、250℃のオーブンで焼き色が付くまで焼く。B
3. 真鯛は適当な大きさにカットし、タイムの葉をのせ、生ハムを巻く。C
4. フライパンにオリーブオイルを熱し、小麦粉をまぶした**1**を入れてソテーする。D
5. 全体に焼き色が付いたら余分な油を拭き取り、白ワインをふり、アルコールを飛ばす。E
6. ブロード、トマトとイタリアンパセリを入れ、鯛に火を入れながら水分を飛ばす。F
7. 最後に塩・胡椒で味を調え、バターを加えてつなぐ。
8. 器に**7**の鯛と**2**を盛り、フライパンのソースをかける。タイムをのせ、イタリアンパセリをちらす。

鯛のブロード

材料　500cc分

鯛のカブト、中骨 … 1尾分
玉ねぎ … 適量
人参 … 適量
セロリ … 適量
水 … 3ℓ

作り方

1. 鯛のカブトと中骨は、水を張った寸胴に入れ、強火にかける。
2. 沸騰したらアクを取り、弱火にして香味野菜を入れ、材料からだしが出るまで、アクを取りながらコトコトと1時間ほど炊く。
3. だしが出たら漉し、寸胴に戻し、1時間ほど煮詰めて完成。

天然ヒラメのカルパッチョ キャビア添え

彩りも美しく、さまざまな表現ができる魚のカルパッチョは、リストランテでも
定番の一品といえるでしょう。そこで見た目だけでなく、味わいでも変化を出し
たカルパッチョを考えました。天然のヒラメを使い、下味の塩とキャビアの塩け
のみで魚のうま味を引き出します。さらに加えて、トマトウォーターで作るジュ
レで、うま味も高めました。魚の動物性のうま味に、トマトという植物性のうま
味を加えることで、全体の輪郭がはっきりと出せる上に、魚のうま味がより高め
られます。さらに紫玉ねぎも添えることで、食感にもアクセントを付けました。

材料　1人分

ヒラメ … 100g
レモン … 適量
塩·胡椒 … 各適量

A 玉ねぎ（みじん切り）… 1個
　マスタード … 大さじ1
　レモン … 1/2個
　サラダオイル　300cc
　塩·胡椒 … 各適量

B トマト … 5個
　塩 … 適量
　レモン … 1個
　板ゼラチン … 全体量の1％

キャビア … 小さじ1
アマランサス … 鉄器量
さやえんどうの若菜 … 適量
トマトパウダー
（トマトの皮を乾燥させ粉末にしたもの）… 少々

作り方

1 ヒラメは薄くそぎ切りにし、塩、胡椒で
下味を付け、レモン汁をふって10分ほ
ど置く。

2 **A**の材料をボールで合わせ、フレンチド
レッシングを作る。

3 ジュレを作る。**B**のトマトはミキシングし、
キッチンペーパーで2日間かけて裏漉し
トマトのエキスを抽出する。鍋に入れて
火にかけ、温まったら塩で味を調え、戻
しておいた1％量の板ゼラチンを加えて
冷やし固める。

4 皿に**1**を盛り、**2**を適量かけ、**3**をのせる。
キャビア、アマランサス、さやえんどう
の若菜を添える。トマトパウダーをふる。

ハマチのソットアチェート
自家製ピクルスとハーブのサラダ添え

食材の保存法の一つとして、イタリアにはソットアチェート（酢漬け）の技法があります。それを応用して、さっぱりと楽しめる前菜を作りました。使ったのは、脂ののったハマチです。ハマチにしっかり目に塩をして1時間ほど置き、洗って白ワインビネガーを使った甘酢に漬けます。ビネガーは火入れして角を取ったもので、夏は少しきつめに、冬は弱めにするのがポイントです。香味野菜と一緒に漬け込み、漬けてピクルスになった野菜も刻んで一緒にのせます。南イタリアなどでは、青魚はいろいろなハーブを組み合わせで独特のクセを抜きますから、この料理でも野菜と一緒にハーブ類を組み合わせて盛り付けています。ハマチは薄くスライスして盛り付けていますので、ハーブの風味と組み合わさって、酸味はさほど感じられない、穏やかな一皿に仕上がっています。

材料　6人分

ハマチ … 半身
塩 … 適量

● **マリネ液**
　人参（スライス）… 1/2本分
　玉ねぎ（スライス）… 1個分
　セロリ（スライス）… 1/2本分
　ミニきゅうり（1/2カット）… 3本分
　白ワインビネガー … 150cc
　ミネラルウォーター … 300cc
　グラニュー糖 … 大さじ1
　ローリエ … 1枚
　塩・胡椒 … 各適量

A　イタリアンパセリ … 適量
　　ディル … 適量
　　セルフィーユ … 適量
　　アマランサス … 適量

塩 … 適量
E.X.V.オリーブオイル … 適量

ピンクペッパー … 適量
トマトパウダー … 少々

作り方

1 ハマチは、たっぷりの塩をふって締める。

2 マリネ液を作る。鍋に材料をすべて入れて火にかけ、沸騰したら弱火にし、約10分煮て冷ます。

3 1のハマチは塩けを洗い流し、水けを拭いて、冷めた2に漬け込む。**A**

4 3のハマチは味が染みたら取り出し、スライスして器に盛る。**B**

5 3でハマチと一緒にマリネした野菜類は、みじん切りにして4のハマチの上にのせる。

5 Aのハーブ類をボールに入れ、塩とオリーブオイルで下味を付け、4の中央に添える。ピンクペッパーをちらす。トマトパウダーをふる。**C**

A

B

C

函館産生ホッケとオレンジのサラダ
サンブーカ風味

ホッケというと、大衆居酒屋のメニューに出てくる魚を連想されがち。しかし今では高級魚の一つになっていますし、この料理では何より生を使っているという点で、興味を持たれるかたが大勢いらっしゃいます。ホッケは鮮度が落ちやすいことから、生での流通は限られています。修業時代にこの素材に知り合って、ぜひ使ってみたいと独立当初から出していて、今では店の名物料理です。ホッケは淡泊でも脂がのっている魚ですので、シチリアで青魚を食べるイメージで、オレンジ、レモンなどの柑橘系の風味を合わせ、さらにオレンジピールの香り、ラディッキオの苦み、などいろいろな要素を組み合わせて楽しさを出し、次の料理への期待感を持っていただける一品に仕上げました。

材料　1人分

ホッケ … 80g
オレンジ … 1/2個
葉野菜 … 適量
ホワイトバルサミコ酢 … 適量
塩・胡椒 … 各適量
レモン汁 … 適量
サンブーカ … 大さじ1
E.X.V.オリーブオイル … 適量

ディル … 適量
トマトパウダー … 少々

作り方

1 ホッケは3枚におろし、スライスし、塩、胡椒、レモン汁で10分ほどマリネする。

2 オレンジは皮をむき、果肉の部分を取り、残りは果汁を絞る。むいた皮の部分は白い部分をそぎ落とす。

3 **2**の果汁は鍋に入れて火にかけ、サンブーカを加え、少しとろみが出るまで煮詰める。

4 **2**の皮は、3回茹でこぼして苦みを抜く。

5 ボールに**1**のホッケを入れ、**2**のオレンジ果肉、**3**、葉野菜を入れ、塩、胡椒、ホワイトバルサミコ酢を加えて和える。

6 器に彩りよく盛り、**4**のオレンジピールとディルをちらす。トマトパウダーをふる。

伊勢エビのカタロニア風サラダ
コライユのアクセント

伊勢エビを使った、見た目にも豪華な前菜です。伊勢エビで作るカタロニア風とは、
サルデーニャの名物料理として知られます。レシピはいろいろあり、私がベース
にしたのはイタリアで修業していた店のスペシャリテで、それを私なりに前菜の料
理としてアレンジしました。半生に茹でた身を使って、紫玉ねぎ、フルーツトマト、
ルーコラなど食感と風味の異なる野菜類と合わせ、調味します。ここではエビの
ミソと卵、オイルを合わせて魚卵のマヨネーズのようなイメージの調味料を作り、
それでエビと野菜を合わせることで、エビのうま味を強調しました。

材料　1人分

伊勢エビ … 1尾
赤玉ねぎ（スライス）… 適量
フルーツトマト … 適量
レモン … 小さじ1
白ワイン … 小さじ3
ＦＸＶオリーブオイル … 大さじ2
塩・胡椒 … 各適量

ルーコラ … 適量
セルフィーユ … 適量
トマトパウダー … 少々

作り方

1 鍋に水と塩、白ワインを入れ、沸騰さ
せたら、伊勢エビを入れて茹でる。軽く
火が入ったら、取り出して冷ます。

2 冷めたら頭と尾を分け、尾は殻から身を
出してカットする。頭はミソを取り出し、
レモン汁と塩、胡椒、オリーブオイルと
一緒に混ぜる。頭と殻は取っておく。

3 赤玉ねぎは水にさらして辛みを取り除く。
フルーツトマトは食べやすい大きさにカ
ットし、ボールに入れる。

4 3に、2のエビの身を入れ、レモン汁、塩、
胡椒とオリーブオイルを加え、軽く和える。

5 2で取っておいた頭と殻を皿にのせ、中
央にルーコラをしき、4を盛る。2のソ
ースをかけ、セルフィーユを飾る。トマ
トパウダーをふる。

函館産エゾアワビのオーブン焼き
シブレットとエシャロットバター風味

エスカルゴの料理をヒントにアレンジした、贅沢な夏の前菜です。エスカルゴを
アワビに代え、それに合わせてエスカルゴバターを、少し苦みのあるエシャロット
バターにしました。アワビは身も肝も入れ、味わいと食感に変化を出します。さ
らに、パルミジャーノをふって焼いたなすも入れました。なすはスポンジ代わりと
して、エシャロットバターとアワビから出たうま味を吸って美味しくなり、食感で
ももう一つアクセントになります。さらに、アワビの殻に開いている穴をぐ役割で
も使っています。

材料　2人分

A エゾアワビ… 2個
　　日本酒… 適量
　　塩… 適量
　　ミネラルウォーター… 適量

なす… 1本

B（作りやすい分量）
　　バター… 1ポンド（約450g）
　　イタリアンパセリ… 40g
　　エシャロット… 大2個
　　シブレット… 15本
　　にんにく… 13個
　　塩… 適量

トマト（小角切り）… 適量
パン粉… 2つまみ
イタリアンパセリ… 適量

作り方

1 エゾアワビの下処理をする。身の部分
　に塩をふってこすり、ぬめり落としたら、
　身と殻の間にヘラを差し込み、肝を傷つ
　けないよう殻から外す。貝ヒモと肝を切
　り取り、口の部分をカットする。殻は取
　っておく。

2 **A**のアワビ以外の材料を鍋に入れて火
　にかけ、塩を溶かしたら、**1**のアワビをす
　べて入れ、約70℃で20分煮て取り出す。

3 シブレットとエシャロットのバターを作
　る。**B**の材料を全てノートプロセッサ
　に入れて回し、容器に移して冷蔵庫で
　冷やし固める。

4 なすは直火で焼いて、皮をむく。

5 **1**で取っておいた殻に、**4**をカットした
　ものと、ひと口大にカットした**2**と肝を
　入れ、**3**をのせ、トマトとパン粉をかけ、
　250℃のオーブンで少し焼き色が付く
　まで焼く。

6 **5**は粗塩をのせた器に殻ごとのせ、イ
　タリアンパセリを飾る。

白とうもろこし「ピュアホワイト」のクレーマ ズワイ蟹の炙り添え

甘みの強い白いとうもろこしを使った前菜で、食欲のない暑い時期にもすっと口に入る、やさしい味わいです。このやさしさを出すためには、砂糖は加えず、とうもろこしの持つ自然な甘みだけを活かすのがポイント。実を庖丁で削いだら、残った芯の部分だけを茹で、その茹で汁で実を茹でるようにします。茹で汁に風味を移すことで、実の部分の風味が落ちないようにするという、ホワイトアスパラを茹でる際などにも行われるイタリアの技法です。実を入れてひと煮立ちしたら火を止め、ミキサーにかけます。この時、茹で汁の残し加減で味を決めます。グラスの縁には、同じとうもろこしのポレンタ粉を飾りました。炙ったズワイ蟹の香りと甘みが、甘みにアクセントを添えます。

材料　4人分

ピュアホワイト … 2本
ミネラルウォーター … 適量
塩 … 適量

ズワイ蟹の身 … 適量
セルフィーユ … 適量
ポレンタ粉 … 適量
E.X.V.オリーブオイル … 適量

作り方

1　ピュアホワイトは、庖丁で削ぐようにして身と芯を切り分ける。

2　**1**の芯は縦に4つ割りにし、水を張った鍋に入れて火にかけ、20分ほど煮出して甘みと香りを湯に移す。

3　**2**は一度漉して鍋に移し、沸騰させてアクを取る。

4　**3**の鍋に**1**の身を入れて火にかけ、再沸騰したら火を止める。

5　**4**は茹で汁ごとミキサーで回し、裏漉ししてスープにする。

6　ズワイ蟹の身は、バーナーで軽く炙る。

7　ポレンタ粉少々を皿に出し、冷やした器の縁で押すようにしてポレンタ粉を付着させる。**5**を盛り、**6**を中央に浮かべる。ディルを飾り、オリーブオイルをちらす。

カルチョーフィのクレーマ
生ハムで巻いたスカンピ添え
かぼちゃとタレッジョのアクセント

カルチョーフィは、独特のクセがあってコアなファンの多い食材。ただ、現地と同じように外したガクのままでは、日本では慣れていない人も多く食べにくいことから、敬遠されがちです。そこでカルチョフィの魅力を手軽に楽しんでいただくことができないかと考えて行き当たったのが、スープにすることでした。作るに当たっては、カルチョーフィと一緒に、ソテーしたじゃが芋も加えています。これはスープに濃度を出すためと、カルチョーフィのクセをやわらげるためです。スープ自体に個性がありますので、ソースとして、少しクセのあるタレッジョを使ったものと、裏漉しにしたかぼちゃを流しました。具として生ハムで巻いてソテーしたスカンピを添えました。

材料 2人分

カルチョーフィ…5個
じゃが芋…1/2個
玉ねぎ(みじん切り)…1/4個分
生ハムの切れ端(みじん切り)…10g
鶏のブロード(119ページ参照)…適量

かぼちゃ…適量
タレッジョ…適量
生クリーム…適量(タレッジョの倍量)
生ハム…1枚
スカンピの身…4尾分
セルフィーユ…適量
E.X.V.オリーブオイル…大さじ2

作り方

1 カルチョーフィは掃除をし、さいの目にカットしておく。じゃが芋は皮をむき、さいの目にカットしておく。

2 カルチョーフィのクレーマを作る。鍋に玉ねぎと生ハムの切れ端を入れ、オリーブオイルでソテーする。

3 玉ねぎの水分が飛び、生ハムの香りがしっかり出たら、1のカルチョーフィとじゃが芋を入れ、さらにソテーする。

4 水とブロードを入れ、約20分煮込んだら、フードプロセッサーで回し、裏漉しにする。

5 かぼちゃはアルミホイルで包み、オーブンで焼いてミキサーでピューレにする。水分が足りないようなら、ミネラルウォーターを足してピューレにする。

6 タレッジョは、生クリーム2とタレッジョ1の割合で鍋に入れ、湯せんにかけて溶かす。

7 スカンピは生ハムを巻き、オイル(分量外)を熱したフライパンでソテーする。

8 器に4を流し、5と6を回しかけ、中央に7を盛り、オリーブオイルをかける。セルフィーユを飾る。セルフィーユを飾る。

埼玉美里産ダチョウフィレ肉のタルタル
にんにくの芽のブレゼ
トリュフと烏骨鶏卵黄添え

　埼玉県北部の美里町は、ダチョウの生産地。ダチョウ肉は栄養価が高くて低カロリー、それに菌の心配もなく生で食べられることが利点です。店を始めた当初から、地の素材であるダチョウ肉を、タルタルの素材として使っています。そのタルタルの赤に合わせるのが、エメラルドグリーンが鮮やかな野菜。香ばしさがあり、どこか懐かしさがある野菜でも、ひと口で分かるかたはあまりいません。食べられたかたに種明かしすると皆さん驚かれるのですが、これはにんにくの芽です。中華素材として知られるこの野菜、昔からイタリア料理でも使えないかと試行錯誤しており、皮をむいて使うことで洋風に使えることを思い付きました。炎を入れすぎるとエメラルドグリーンが飛びますので、透明感が出たらすぐに火を止めるのがポイントです。

材料　1人分

ダチョウフィレ肉 … 50g
シブレット（みじん切り）… 小さじ1
エシャロット（みじん切り）… 小さじ1
レモン汁 … 小さじ1

にんにくの芽 … 3〜5本

E.X.V.オリーブオイル … 適量
塩・胡椒 … 各適量
烏骨鶏の卵黄 … 1個
トリュフ … 適量

作り方

1 ダチョウ肉はスライスし、さらに細かく切って庖丁で叩く。A

2 肉に粘りけが出たら、胡椒とエシャロット、シブレット、レモン汁とオリーブオイルを加え、さらに叩く。塩で味を調える。B

3 にんにくの芽はピーラーで皮をむき、鍋に入れて少量の水分を加え、塩、オリーブオイルを足して蓋をし、蒸し煮にする。C

4 透明感が出たら火を止め、そのまま冷まして小口から細かく刻む。D

5 セルクルに4を詰め、その上に2を詰めて皿の中央に抜く。E

6 肉の中央に烏骨鶏の卵黄をのせ、トリュフをたっぷりと添える。

鴨とルーコラのサラダ
バルサミコ酢と粒マスタードのソース

鴨に合わせて、秋の美味しい素材を組み合わせた前菜を作りました。まずポイントになるのは、鴨の火の通し方。塩胡椒したら15分放置し、フライパンで表面を焼き固めたら、250℃のオーブンで3分火を入れ、焼いた時間の1.5倍休ませます。このことで肉汁が落ち着き、カットした断面がロゼに仕上がります。組合せたのは、地元の埼玉野菜です。基本的なものとして玉ねぎ。鴨に合わせていちじく。爽やかな苦みを出すためのルーコラ。それに蕪。蕪は独特のシャキシャキした食感に加え、苦みがあり、それがソースのバルサミコ酢の甘みと良く合いますので、アクセントとしてすごくいい素材と思い、この料理でも組み合わせました。

材料　4人分

鴨ロース肉 … 1枚

蕗 … 適量
鶏のブロード（下記参照）… 適量
バルサミコ酢 … 適量
ミネラルウォーター … 適量

ねぎ（青い部分）… 1本分

イチジク … 3個
赤ワイン … 適量

ルーコラセルバチカ … 6枚

塩・胡椒 … 各適量

バルサミコソース
（バルサミコ酢を煮詰めたもの）… 適量
粒マスタード … 適量
パルミジャーノ … 適量
E.X.V.オリーブオイル … 適量
トマトパウダー … 少々

作り方

1. 鴨ロース肉は塩をふり、油をしかないテフロンパンで皮目から焼く。
2. 全体を焼き固めたら、250℃のオーブンに約3分入れて加熱する。取り出して胡椒をし、アルミホイルで包んで温かいところに置き、余熱で火を入れる。冷めたら冷蔵庫で冷やしてロゼに仕上げておく。
3. 蕗はスジを取り、鍋に入れてひたひた程度の水を加えて下茹でしたら、取り出してブロード、バルサミコ酢とミネラルウォーターを入れた鍋で食感が残るように煮て、容器で保存しておく。
4. ねぎは、刻んで鍋に入れ、水を入れて煮たら、フードプロセッサーでピューレ状にし、塩で味を調える。
5. イチジクは赤ワインで煮て冷まし、食品乾燥機でセミドライに仕上げる。
6. 器に**2**をスライスして盛り、ルーコラ、**3**の蕗、**5**のイチジク、スライスしたパルミジャーノを盛る。**4**のピューレ、粒マスタードをアクセント的に添え、バルサミコソースを流す。トマトパウダーをふる。

鶏のブロード

材料　2ℓ分

丸鶏（内臓を抜いたもの）… 1羽
玉ねぎ … 適量
人参 … 適量
セロリ … 適量
水 … 20ℓ

作り方

1. 丸鶏は、水から茹でこぼし、汚れと血を洗い流してから、水を張った寸胴に入れ、強火にかける。
2. 沸騰したらアクを取り、弱火にして香味野菜を入れ、材料からだしが出きるまで、6時間ほど炊く。
3. だしが出たら漉し、寸胴に戻し、煮詰める。煮詰まるにしたがって火をさらに弱めて行き、6時間ほど煮詰めて完成。

前菜の魅力は、常連客の獲得にも

山田 直喜（やまだ なおき）

栃木・足利生まれ。地元のイタリア料理店数店で修業後、イタリアに渡り、トスカーナ、マルケ、ヴェネツィア、ピエモンテのレストランなどで約2年間修業。帰国後は銀座「アトーレ」などで修業後、90年に千葉・佐倉で『カステッロ』を開業。

　私の店では、メニューはコースのみで構成しています。内容は、価格別に前菜12種盛り合わせのコース、前菜2皿のコース、前菜4皿のコースと3種類です。

　店は車でしか来られない場所ですので、わざわざ目指して来ていただくためには、『カステッロ』でしか食べられないものを用意しなくてはなりません。そこで、素材選びから個性を出せるものを中心にしています。

　材料は極力、地元・千葉産のものを中心にし、東京の築地では手に入らないものを使います。特に野菜類は、開業時から近くに畑を作り、新鮮な野菜類を使った料理を売り物にしています。また魚介類は、天然ものしか使いません。

　素材が自然の中で育ったものばかりですから、メニューも年間を通して決まったものは作れません。アンティパストも、その時々に手に入ったものを調理してお出しする、というスタイルです。

　しかも、お客様の80％以上がリピーターで、中には週に一度来られる方もいらっしゃいますので、常に飽きさせないよう、料理は頻繁に入れ替えます。数えたことはありませんが、レシピは前菜だけで1000種類以上あると思います。

重視するのは、ポーション・酸味・辛さ・切り方

　お客様がイタリア料理を楽しむことを知らなかっ

つながる重要な要素になる

Cucina Italiana Ristorante CASTELLO

山田 直喜

た頃は、パスタを食べれば満足してしまい、セコンドまでたどり着かないかたが大勢いらっしゃいました。そこでメイン料理を売るために、前菜のバラエティーさが重要になると考えました。

アンティパストをバラエティー豊かに揃えることで、まず楽しさが出せます。さらに、「前菜を気に入っていただいたら、今度は同じ素材を使ったメインディッシュを」と注文を誘導することもできます。

お客様との会話の中で、前菜とメイン料理との調理法の違いを説明し、料理の楽しさを説明することで、次回の利用にもつながりますし、しかもその時以降からはメインディッシュまで食べていただくお客様にできます。前菜の料理内容の魅力で、お客様を常連客にすることができるのです。

前菜を考える際に重視するのは、ポーション、酸味、辛さと切り方です。切り方の違いで、喉越し、食感に変化が付けられるからです。例えば肉なら、前菜は喉越しを良くするために薄く切り、メイン料理ではしっかり噛み締められるよう厚く切ります。私は、イタリア料理の美味しさは、ある意味"完成度の低さ"にあると思っています。それだけ店の個性や自分のエッセンスを加えられる余地があるということです。アンティパストもその欠けた部分をどれだけ高められるかで、魅力の高さが決まるのではないでしょうか。

Cucina Italiana Ristorante
CASTELLO

以前に山田シェフがオープンしたリストランテ。店を取り巻く4000坪の畑で採れた旬の野菜や、千葉の海で獲れた新鮮な天然魚介を使った料理をメインに、お客を飽きさせないよう頻繁にメニューを差し替える。メニューは昼・夜ともにコースのみ。最寄の京成「臼井」駅からは車で5分ほどの場所で、車でやって来る熱心なファンを掴んで人気を集める。

- ■住所　千葉県佐倉市臼井1567-2
- ■電話　043-489-8951
- ■URL　http://www.5e.biglobe.ne.jp/~castello/index.html
- ■営業時間　11:30～14:30 L.O.
　　　　　　17:30～21:00 L.O.
- ■定休日　水曜日

甘いトマトのジュレ
蟹とトマトのエスプーマを添えて

暑い夏場に評判のアンティパストです。夏野菜であるトマトの自然な酸味は、暑い日にはドリンクよりも口の中に染み込みやすく、それだけで涼しさを感じさせるものです。そこでトマトだけで前菜として楽しめる一品を作ってみました。ジュレとなっていますが、材料はトマトだけ。ゼラチンは、エスプーマに加える分だけです。果肉をミキサーにかけて冷やし、トマト自身の固まる力だけを使ってジュレ仕立てにします。チーズと組み合わせて、冷たいカプレーゼにしてもいいでしょう。

材料 4人分

● トマトのジュレ
　フルーツトマト…400g

● エスプーマ
　上記トマトの絞り汁…100cc
　粉ゼラチン…1.5g

カニ足（むき身）…10g×4本
シナモンバジルの葉…適量

作り方

1 トマトのジュレを作る。フルーツトマトは、沸騰した湯に4～5秒浸けて氷水に取り、皮をむく。

2 **1**の果肉は庖丁で四等分に切り、スプーンの柄などで中の種を取り出してボールに入れる。残りは軽く絞り、出た汁もボールに入れる。**A**

3 **2**で集めた種と汁は、キッチンペーパーをしいたザルにあけて漉す。果肉は残しておく。**B**

4 **2**の漉した汁は鍋に入れ、粉ゼラチンを加えて火にかけ、ゼラチンが溶けたら鍋ごと氷水に当てて冷し、エスプーマに入れ、炭酸を充填する。

5 **3**で残しておいた果肉は、ミキサーに入れて回す。**C**

6 ボールにあけ、氷水に当てて冷やし、冷蔵庫で約1時間冷し固める。**D**

7 ゼリー状に固まった**6**をグラスに盛り、カニ足をのせ、**4**のエスプーマを絞る。シナモンバジルの葉を飾る。

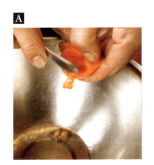
A

B

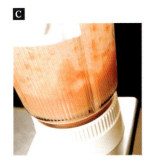
C

D

白イカのタルターラ
バジリコとアンチョビ風味

素材としてのイカは、その持ち味を活かしながら楽しませるには、刺身やグリルなどがありますが、それをそのままアンティパストとして使ってしまうと、あまりにもシンプルすぎて物足りないものです。そこで白イカを刺身にしながらも、リストランテらしく食べやすいアンティパストにしました。西洋わさびのツンとした涼しげな香りがイカの甘みを引き立て、アンティパストとして食欲を高めさせます。

材料　2人分

白イカ（小。胴の部分を開いたもの）… 2枚（約100g）
ジェノヴァ・ペースト（右記参照）… 20g
アンチョビ（ペースト）… 10g
西洋わさび（すりおろし）… 2g
フレンチドレッシング（右記参照）… 20cc
ボッタルガ・マルーカ … 適量
キャビア… 適量
バジリコ … 適量

作り方

1 白イカは、薄皮を除き、みじん切りにする。

2 ボールに、ジェノヴァ・ペースト、アンチョビ、西洋わさび、フレンチドレッシングを入れてよく混ぜ、1を加えてよく和える。

3 2をスプーンなどでクネル形に成形し、皿に盛る。ボッタルガ、キャビアを飾る。バジリコを添える。

ジェノヴァ・ペースト

材料　作りやすい分量

バジリコ … 50g
松の実 … 15g
くるみ … 15g
ケッパー … 10g
にんにく … 1/2片
アンチョビ … 10g
E.X.V.オリーブオイル … 150cc
パルミジャーノ
（またはグラナ・パダーノ。すりおろし）… 30g

作り方

前もって冷やしておいたミキサーに材料を全て入れて回し、ペースト状にする。

フレンチドレッシング

材料

白ワインビネガー … 1ℓ
塩 … 75g
砂糖 … 60g
にんにく … 20g
ブルーチーズ … 10g
マスタード（パウダー）… 3g
玉ねぎ … 1kg
胡椒（パウダー）… 2g
ガルム … 60cc
E.X.V.オリーブオイル … 適量

作り方

1 オリーブオイル以外の材料をミキサーに入れて回す。

2 1が液状になったら取り出し、4対5の割合でオリーブオイルを混ぜる。

金谷であがったスカンピ
赤ピーマンとゴルゴンゾーラのソース

日本でも獲れる赤座エビ(スカンピ)を使った一皿です。スカンピは甘みと風味が特徴で、赤ピーマンの甘みと相性が好い素材。さらに赤ピーマンの甘みは、ゴルゴンゾーラの香りや甘みとも相性が好いので、これらの素材を組み合わせた前菜を作りました。甘みが活きる料理で、クリームでまろやかに仕上げます。スカンピはプリッとした食感を活かしたいため、この料理ではソテーではなく蒸し上げて火を通しました。

材料　2人分

スカンピ（赤座エビ）…2尾
赤ピーマン…2個
エビのブロード（右記参照）…150cc
野菜のブロード（右記参照）…70cc
生クリーム（乳脂肪38％）…50cc
ゴルゴンゾーラ・ピカンテ…50g
塩…少々
バジリコ…1枚
マジョラム…1個

作り方

1 スカンピは頭を取り、殻付きのまま水を張った鍋に入れ、蒸し上げる。

2 ソースを作る。赤ピーマンは表面に油をぬり、250℃のオーブンで10分ほど焼いて薄皮を取り、半分に切って種を取り除く。

3 フライパンにエビのブロードを入れて火にかける。1/4まで煮詰めたら、野菜のブロードと、**2**を加え（飾り用に少し取っておく）、軽く温め、ミキサーに移して回す。

4 **3**をフライパンに取り出して火にかけ、生クリームを加え、温まったら弱火にし、ゴルゴンゾーラを加えて溶かす。塩で味を調え、裏漉しにする。

5 **1**のスカンピはハサミで殻を切って身を取り出し、**4**のソースを流した皿に盛る。バジリコ、マジョラムをふり、**3**で焼いておいた赤ピーマンを刻んであしらう。

エビのブロード

材料

車エビ（または大正エビ）…100g
渡り蟹…1杯（約400g）
玉ねぎ（薄切り）…1個分
人参（薄切り）…2/3本分
セロリ（薄切り）…1/2本分
にんにく（みじん切り）…1片分
白ワイン…50cc
トマト（ざく切り）…1個分
パセリ…1枝
ローリエ…1枚
赤唐辛子…1本
黒粒胡椒…30粒
水…2ℓ
E.X.V.オリーブオイル…適量

作り方

1 エビは殻を取り、味噌を除く。蟹は殻を外し、味噌とガニを除いてぶつ切りにする。

2 鍋にオリーブオイルとにんにくを入れて火にかけ、香りが出たら玉ねぎ、人参、セロリを加え、玉ねぎが透き通るまで炒める。

3 **1**は天板に並べ、180℃のオーブンで7〜8分焼き、白ワインを加えてアルコールを飛ばしてから、**2**の鍋に入れる。

4 トマト、パセリ、ローリエ、赤唐辛子、粒胡椒を入れ、水を注いで強火にする。

5 煮立ったらアクを除き、弱火にして30分ほど煮たら、漉して使う。

野菜のブロード

材料

水…2ℓ
玉ねぎ（薄切り）…1個
人参（薄切り）…1/2本
セロリ（薄切り）…1/3本
黒粒胡椒…10粒
ローリエ…1枝
パセリの軸…2本分

作り方

1 鍋に全ての材料を入れ火にかける。

2 沸騰したら弱火にし、アクを除いて30分ほど煮たら、漉してから使う。

大原産サザエのつぼ焼き
ペペロンチーノ入り
アマトリチャーナソース

四方を海で囲まれた日本の沿岸には様々な貝があるためか、日本人の多くは貝好きです。しかしサザエのように個性の強い貝は、プリモピアットやセコンドピアットの素材には使いにくい素材。ところが、アンティパストなら自由に使えます。ここでは、パン粉とサザエの食感の違いを楽しませるよう工夫しました。仕上げに殻ごと焼くことで、さらに風味が強まります。最後にかけるにんにく風味のパン粉は、いろいろな料理に使えますので、余ったパンをストックして作っておくと便利です。

材料　1人分

サザエ…1個
セロリ…30g
人参…60g
ペペロンチーノ…1本
にんにく（スライス）…1/2片分
トマトソース…100cc
パンチェッタ…20g
ケッパー（酢漬け。水で10分さらして絞ったもの）
　　　　　　　　　　　　　…10個
黒オリーブ（みじん切り）…5個分
イタリアンパセリ（みじん切り）…大さじ1
E.X.V.オリーブオイル…15cc
白ワイン…300cc
にんにく風味のパン粉（下記参照）…適量
イタリアンパセリ…適量

作り方

1 鍋に、サザエ、粗めに刻んだセロリと人参を入れ、白ワインを注ぎ、蓋をして弱火にかけ、40分蒸す。**A**

2 蒸し終えたら、サザエを取り出して殻から身を出し、身と肝に分けて掃除をする。サザエの汁は残しておく。

3 フライパンに、オリーブオイル、ペペロンチーノ、にんにく、パンチェッタを入れて火にかけ、にんにくが色づいてきたら、**1**で残して置いたサザエの汁を入れる。**B**

4 白ワインを注いでアルコールを飛ばし、さらにトマトソースを入れ、ケッパー、黒オリーブも加えて温める。**C**

5 **2**の身と肝は食べやすい大きさに切り、**4**の鍋に入れて温め、イタリアンパセリを加える。**D**

6 殻に**5**を詰め、180～200℃のオーブンで2分焼く。

7 取り出して皿に盛り、にんにく風味のパン粉をふり、イタリアンパセリをあしらう。

にんにく風味のパン粉

材料　作りやすい分量

パン粉…100g
にんにく（スライス）…2枚
E.X.V.オリーブオイル…適量
グラナ・パダーノ（すりおろし）…5g
イタリアンパセリ（みじん切り）…1枝分

作り方

1 テフロン加工のフライパンにオリーブオイルとにんにくを入れて火にかけ、弱火で炒める。

2 香りが出たら、にんにくは取り出し、パン粉を入れて炒める。

3 パン粉がカリカリになったら、グラナ・パダーノとイタリアンパセリを入れて混ぜ、クッキングペーパーをしいたバットにあけ、冷ましてから使う。

厚岸産牡蠣の赤いワインビネガー
海の幸の香り

牡蠣は、世界中でよくワインと合わせて楽しまれますし、それだけで前菜にもなる素材です。ここでは、そのままの牡蠣と甘いドレッシングを組み合わせて特徴を出しました。この料理のポイントは、ドレッシングです。甘い風味が牡蠣のつるんとした食感によく合い、牡蠣自体がいろいろな味を引き立てながら、白身も美味しさを深めます。海藻はワカメを合わせてもいいでしょう。

材料　2人分

牡蠣 … 2個
クレソン … 2束
海藻（白スキ海苔、赤トリカルル
　　　　　青トリカル海苔など）… 10g
黒胡椒 … 少々
Ｆ X.V.オリーブオイル … 10cc
シブレット（スライス）… 15本分
白ワインビネガー … 10cc
フレンチドレッシング
　　（125ページ参照）… 少々
レモン … 1/2個
岩塩 … 適量

作り方

1　牡蠣は殻から外し、水で洗い、ペーパータオルで水けを拭き取っておく。殻は取っておく。

2　海藻は食べやすい大きさにカットし、フレンチドレッシングで和える。

3　1の牡蠣は盛り直し、E.X.V.オリーブオイル、白ワインビネガーをかけ、レモン汁を絞り、黒胡椒をかけ、2をのせる。

4　皿に岩塩をのせて、3の牡蠣を置き、キャビア、シブレット、クレソンを添える。

千倉産アワビのソテー
利尻昆布のタプナータ

　この料理は、アワビの持ち味をいかに活かすかをポイントにしました。アワビのような一枚貝は、アサリなどと違って火を入れても強い個性が出にくいもの。そこで、アワビの餌である昆布を加えて味を強め、その力強さに合わせてスーゴ・ディ・カルネを加えました。また、香りの強いにんにくは使いません。この料理に使うワインは、南のものでは甘みが残るので、GAVIのように北の辛口のものを使います。また、アワビは弱火で数分蒸してからソテーします。最初からソテーをすると、表面だけが硬くなってしまい、中は生の状態になるのを防ぐためです。

材料　4人分

アワビ…1個（250～300g）
スーゴ・ディ・カルネ（右記参照）…200cc
アサリのブロード（右記参照）…200cc
利尻昆布（みじん切り）…20g
黒オリーブ（みじん切り）…20g
ドライトマト（みじん切り）…10g
E.X.V.オリーブオイル…40cc
アンチョビ（ペースト）…2g
バター…5g
長ねぎ（白い部分を細長く切って水にさらしたもの）…適量
クレソン…適量

作り方

1. アワビは洗って鍋に入れ、分量外の白ワインと水を1対2の割合で入れて火にかける。80℃を保ったまま8分間茹でて火を入れる。**A**
2. ボールに利尻昆布、黒オリーブとドライトマトを入れ、オリーブオイルとアンチョビを加えてよく混ぜ合わせる。
3. 鍋にアサリのブロードを入れ、3分の1まで煮詰め、**2**とスーゴ・ディ・カルネを加えて温める。**B**
4. **1**のアワビは、火が通ったら取り出し、殻から外して身と肝に分け、**3**に入れ、ソースをからめるようにソテーする。温まったら火を消し、バターを加えて乳化させる。
5. 皿に盛り付け、クレソンと長ねぎを飾る。

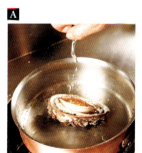

アサリのブロード

材料　作りやすい分量

アサリ（砂を抜いたもの）…500g
白ワイン…100cc
E.X.V.オリーブオイル…50cc
にんにく（スライス）…1/2片分
赤唐辛子…1本　　パセリの軸…2本分

作り方

1. フライパンにオリーブオイルとにんにく、唐辛子を入れて火にかける。
2. にんにくが色付いてきたら、アサリを入れて強火にし、白ワイン、パセリの軸を入れて蓋をする。
3. アサリの殻が開いたら、クッキングペーパーをしいたシノワで漉してから使う。

スーゴ・ディ・カルネ

材料　2～3ℓ分

玉ねぎ（スライス）…10個分
人参（スライス）…10本分
セロリ（スライス）…2本分
仔牛のゲンコツ…3kg
E.X.V.オリーブオイル…適量
水…10ℓ　　　　赤ワイン…1ℓ
ローリエ…1枚　　黒胡椒…30粒
トマトペースト…100g

作り方

1. 深鍋にオリーブオイルを熱し、玉ねぎ、人参、セロリを入れ、しんなりとして甘みが出るまで炒める。
2. ゲンコツは水にさらして血抜きをし、鉄板にのせ、オリーブオイルをかけて250・300℃のオーブンに入れ、焦げないように時々上下を返しながら焼く。
3. ゲンコツの水分がなくなってきたら、取り出して取っておき、鉄板に赤ワインを注ぎ入れ、火にかける。鉄板に残ったゲンコツのうま味と残りかすをこそげ落とすようにし、赤ワインを4分の1量になるまで煮詰める。
4. **1**の鍋に、**3**のゲンコツ、**3**の煮詰めた汁と、水、ローリエ、黒胡椒、トマトペーストを入れて火にかけ、アクを取りながら5時間ほど煮込む。
5. ゲンコツのエキスが出てきたら、ザルで漉し、さらに目の細かいシノワでもう一度漉す。
6. **5**は鍋に移し、火にかけてアクを取りながらとろみが付くまで詰め、ポットに入れて冷ます。

いろいろな茸のフリッタータ

秋の茸の風味を卵と一緒に食べる、シンプルな家庭料理です。店でしか食べられない手の込んだ難しい料理だけだと、それだけではお客様は身構えてしまうもの。その中にあって、こうした年齢を問わず親しみやすい料理を構成しておくと、ホッと落ち着くものです。技術を凝らしたアンティパストの魅力を、さらに引き立てるために必要な料理といっていいでしょう。

材料　作りやすい分量

舞茸 … 15g
しめじ … 15g
ポルチーニ茸 … 15g
卵 … 6個
グラナ・パダーノ … 15g
トリュフ入り蜂蜜 … 12g
生クリーム … 40cc
E.X.V.オリーブオイル … 15cc
塩 … 少々

● 付け合せ

ポルチーニ茸 … 100g
しめじ … 100g
舞茸 … 100g
E.X.V.オリーブオイル … 適量
塩 … 適量

ローズマリーの花 … 適量

作り方

1 舞茸、しめじは石突きを除き、ほぐしておく。ポルチーニ茸は、固く絞った濡れ布巾などで汚れを拭き、石突きを除いて他の茸類と同じ大きさに切っておく。

2 フライパンにオリーブオイルを熱し、**1**の茸類を別々に強火で炒める。六分程度に火が通ったら、バットに移して冷ましておく。

3 卵は黄身と白身に分けてそれぞれボールに入れ、白身はトリュフ入り蜂蜜を加えて十分立てのメレンゲを作る。黄身のボールには、生クリーム、グラナ・パダーノ、**2**を入れてかき混ぜる。

4 **3**の黄身のボールにメレンゲを2回に分けて加えながら、ざっくりと混ぜ合わせる。

5 オリーブオイルを入れて火にかけたフライパン（直径18cm）に**4**を流し入れ、ゴムベラなどで混ぜながら形を整える。

6 中心まで火が入る直前で、ラップを敷いたバットにあけ、ラップで丸く形を整えて皿などで重しをし、粗熱を取って冷蔵庫で3時間休ませる。

7 付け合わせを作る。下処理は**1**と同じ。オリーブオイルを熱したフライパンに茸類を入れて炒め、軽く塩で味付けする。

8 **7**を皿にのせ、冷めた**6**をカットして盛り付ける。ローズマリーの花を飾る。

シャラン産 鴨のアフミカートと
ポルチーニ茸のパテ

夏の終わりから秋口にかけての料理です。濃厚な鴨の血の臭さを消すために燻製にかけ、香りの茸を合わせ、さらにバルサミコ酢の酸味で鴨の風味を引き立たせます。鴨に添えたポルチーニ茸のパテは、ピエモンテのシェフたちの常備菜的なもの。ポルチーニ茸が採れたときに1年分をペーストにして保存し、使います。このパテは、クロスティーニにのせて簡単な前菜にしたり、ラビオリの具にしたり、ソースの味を足したりするときにも使えます。なお、スモークにはホームセンターなどで売っているスモークウッドが、温度が均一で長さによって時間の調整もできるので便利です。

材料　2人分

● 鴨のアフミカート
- 鴨ムネ肉 … 250g
- にんにく（スライス）… 1/2片分
- タイム … 1枝
- ローズマリー … 適量
- 塩・胡椒 … 各適量
- E.X.V.オリーブオイル … 適量

● ポルチーニ茸のパテ
- ポルチーニ茸 … 100g
- スーゴ・ディ・カルネ（133ページ参照）… 20cc
- 粒マスタード … 5g
- グラナ・パダーノ … 7g
- 無塩バター … 15g
- E.X.V.オリーブオイル … 15cc
- パン粉 … 適量

バルサミコソース … 適量
ルーコラ … 適量
ローズマリーの花 … 適量

作り方

1. パテを作る。ポルチーニ茸はみじん切りにしておく。
2. **1**はオリーブオイルを熱したフライパンで炒め、香りが立ってきたらスーゴ・ディ・カルネを入れる。**A**
3. 水分がなくなり、ポテッとするまで炒めたら、バターを入れて溶かし込む。**B**
4. 火を止め、粒マスタード、グラナ・パダーノを入れてよく混ぜたら、つながる程度にパン粉を入れて混ぜ合わせる。バットにあけてすぐに冷ます。**C**
5. 鴨のスモークを作る。鴨肉は筋を引き、血抜きをして、皮目に格子状の切込みを入れる。皮目は強めに、両面に塩・胡椒をする。
6. フライパンにオリーブオイルをしいてにんにくを入れ、極弱火で炒め、香りが出たら、**5**を皮目から入れて焼いて行く。鴨から脂が出てきたら、肉の側にかけながら、表面だけを焼き付け、タイム・ローズマリーをふる。**D**
7. 燻製の用意をする。同じ大きさのボールを2個、網1枚、アルミホイルを用意する。スモークウッドの大きさに合わせてアルミホイルを折り、ボールにしく。
8. スモークウッドを燃やし、**7**のアルミホイルにのせ、一温柚をふり、網をのせる。
9. 煙が直接肉にかからないよう、網の隅に**5**の肉をのせ、ボールで蓋をして燻煙する。**E**
10. 指で肉を押してみて、ゆっくりと戻ってくる程度（肉の中心温度が60〜63℃）になったら、バットに取り出し、温かい場所で10分ほど休ませる。
11. 皿にバルサミコソースを流し、**10**の肉をスライスして盛る。**4**のパテを添え、ルーコラを添え、ローズマリーの花を飾る。

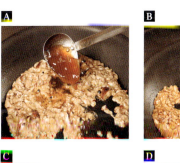

薄切りにした牛フィレ肉のタリアータ
2種のルーコラペースト

タリアータは、脂身のある牛ロース肉や赤身のもも肉を使っても作りますが、ここではより繊細な食感と味わいのフィレ肉を、畑で採れたルーコラの強い味わいで引き立てます。肉と一緒に食べるルーコラは、春先から夏場にかけて大きく育ちすぎたものを使います。独特の苦みや強い香りが、アンティパストの食材として食欲を刺激しますし、その風味は肉ともよく合います。

材料　2人分

牛フィレ肉（スライス）… 100g

● ルーコラ・ペースト
　ルーコラ　50g
　ルーコラ・セルバチコ … 50g
　アンチョビ（フィレ）… 1枚
　にんにく … 1/4片
　粒マスタード … 10g
　松の実 … 20g
　ケッパ　10g
　グラナ・パダーノ … 15g

トレビス … 1枚
ドライトマト … 2枚
イタリアンパセリ … 3枚
シブレット … 2本
ルーコラ・セルバチコの花 … 適量

作り方

1 ルーコラ・ペーストを作る。ルーコラとルーコラ・セルバチコは塩分1％の湯でさっとボイルし、すぐに冷水に放って冷まし、水けをきる。これをペーストの他の材料とともにフードプロセッサーに入れて回し、ペースト状にする。

2 牛肉は薄切りにし、80℃くらいのお湯にしゃぶしゃぶの要領で1枚ずつ、4秒ほどくぐらせ、ペーパータオルに取って水けを吸い取らせる。

3 肉を皿に盛り、トレビス、ドライトマト、イタリアンパセリをのせ、1をかけ、グラナ・パダーノをふり、シブレットを添え、ルーコラ・セルバチコの花を飾る。

カルボナーラの冷製 トリュフがけ

　私の店のお客様は、まろやかさと甘みのあるカルボナーラが好きな方が多く見えますので、夏場でも食べやすく、冷たくさっぱり食べられるようにとカルボナーラを冷製にしています。温かいと酸味が使えないのですが、冷製ですので、ほどよく酸味がきかせられて、ポーションを少なくすると食欲を誘う前菜の一品にもできます。温泉玉子で濃度を出すことと、パスタは水でさらさないで、氷にあてたボールの中でかき混ぜ、余熱を取るのがポイントです。

材料　4人分

カッペリーニ … 20g×4
温泉玉子 … 1個
温泉玉子の黄身 … 1個分
フレンチドレッシング
　　　（125ページ参照）… 40cc
トリュフペースト（下記参照）… 大さじ1
グラナ・パダーノ（またはパルミジャーノ。
　　　　　　　　すりおろし）… 適量
生ハム（5mm大のコンカッセ）… 40g
トリュフ … 適量
黒胡椒（粗挽き）… 適量
グラナ・パダーノのクロッカンテ　適量

作り方

1. カッペリーニは、沸騰した湯に1％の塩を入れた中に入れて茹でる。
2. ソースを作る。ボールに温泉玉子と温泉玉子の黄身を入れ、フレンチドレッシングを注ぎ、トリュフペーストを加え、ホイッパーで混ぜる。**A**
3. 氷水にボールをあてておき、**1**のカッペリーニをアルデンテより柔らかめに茹で上げたらザルで水きりし、ボールに入れてかき混ぜる。**B**
4. カッペリーニが人肌くらいに冷めたら、**2**のソースを入れて混ぜ、グラナ・パダーノを加えて味を調える。**C**
5. 皿に盛り付け、生ハムをちらし、トリュフをスライスしてのせる。黒胡椒をふり、クロッカンテを添える。

A
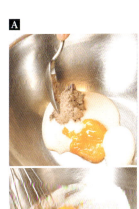

B

C

トリュフペースト

材料　作りやすい分量

マッシュルーム … 100g
トリュフ（スライス）… 4枚
トリュフオイル … 適量
E.X.V.オリーブオイル … 適量

作り方

1. マッシュルームは細かく刻む。
2. オリーブオイルを熱したフライパンに**1**を入れ、水分が抜けるまで炒める。
3. トリュフとトリュフオイルを入れて混ぜ合わせ、冷ましてから使う。

旬の食材をイタリアの技法で工夫

永井 みゆき（ながい みゆき）
大府市出身。東京「イザベラ・ディ・フェラーラ」谷本英雄シェフと出会いイタリア料理の道へ。イタリアに渡り、ボローニャを中心にホテルやレストランで修業。帰国後「イザベラ・ディ・フェラーラ」で修業。2003年大府駅前で独立。2011年に現在の場所に移転。

　2011年に現在の場所に移転する前は、JR大府駅前でオープンキッチンの店としてスタートしました。その時から、店頭にショーケースを置き、前菜料理をたくさん並べて、お客様に選んでもらったりテイクアウトをしたりするスタイルでした。それは今も変わっていません。
　私が修業したイタリアの町では、どの店に入っても入り口近くにショーケースが置いてあり、その中の前菜料理を見て、「あれもこれも食べたい」と思いながら席に着くスタイルでした。
　テーブルに着く前から料理を楽しめるのは、私自身も魅力に感じていましたので、独立して自分の店を持った時には、お客様がショーケースで前菜を見て選べるようにしたいと思っていました。特に日本のお客様は、たくさん並んでいる料理を見ながら、それらを少しずついろいろ食べたいと思うかたが大勢いらっしゃいます。

季節の食材で、一年を通して楽しめる看板料理に

　名古屋市内の喧騒から距離を置き、わざわざ来られるお客様を大切にして行こう、と始めた店です。今ではお客様の中には、2003年の開業当初から来ていただいているかたや、月に何度も来ていただいている年輩のかたなどがたくさんいらっしゃいます。前菜料理では、そうした顔馴染みの常連

し、常連客を飽きさせない

Delica and Ristorantino Italiano　La Farfalla

永井 みゆき

客を飽きさせない内容を一番に考えています。

　中でも重視するのが、旬のものを極力使うこと。大府市を含む知多半島近隣では熱心な農家が多く、漁業も盛ん。質の高い旬の素材が豊富にあります。それらの持ち味を活かして美味しいと感じていただけるよう、レシピを調整します。

　例えば、地元では旬の素材は、昔ながらの和の調理法として、シンプルに味噌や醤油で味付けして食べることが多いもの。そうした素材にも、オリーブオイルやバルサミコ酢、レモンなどを使ったイタリア料理の技法を駆使して提案すると、「こんな食べ方があったのか！」「今まで食べ慣れていた素材とは思えない！」などと、食材の新たな魅力に驚いていただけます。

　また、例えばトルタなどの料理では、具材を旬のものに替えることで、料理法は同じでも季節の味わいを演出し、一年を通して楽しみに来ていただける看板料理となっているものなどもあります。

　前菜のテイクアウトと合わせ、出張料理が多いのも地元の特徴ですので、持ち運べるよう真空調理を利用した季節の前菜を揃えることも積極的に行っています。自宅での会食やパーティーでは、家庭では作れない贅沢感が期待されますので、使う食材と合わせて、前菜でも見た目にも楽しい彩りの豊かさも考えた料理にしています。

Delica and Ristorantino Italiano
La Farfalla

最寄り駅のJR大府駅からは車で5分ほど。熱田神社の参道脇に位置する、隠れ家的な店。質の高い地元の素材を使った料理が人気で、アラカルトの前菜のほか、ランチは1720円（税込）から。ディナーのコースは1人3240円（税込）から。前菜料理の持ち帰り販売のほか、出張料理も行っており、家庭での会食や会社のパーティーなどで人気。

- ■住所　愛知県大府市朝日町4-15
- ■電話　0562-44-7775
- ■URL　http://www.farfalla.in/
- ■営業時間　11:30〜13:30 L.O.
  　　　　　　17:30〜21:00 L.O.
- ■定休日　日曜日、第1・3月曜日

トルタ・サラータ・ディ・サルモーネ

開業当初からの人気メニューで、店では分かりやすく「キッシュ」の料理名で出しています。季節でほうれん草、茸、ズッキーニ、ミニトマトなどを使えて応用範囲が広い上、まとめて作れて、冷めても温かいままでも美味しく、一皿にも盛り合わせにも使える料理です。サクサクの生地と、フィリングのふわっとした食感のコントラストがとても美味しく、食欲を刺激します。型に流す卵液には、生クリームだけでなく蒸し焼きにして甘みを引き出した玉ねぎも加えて、コクを深めます。この玉ねぎに火を通す時のポイントは、油は極力少な目にし、加熱により蓋に付いた水分も鍋の中に入れ、玉ねぎ自身の水分で火を通すことです。

材料　10人分

- 生地（21cmタルト型5台分）
  - 薄力粉 … 250g
  - 強力粉 … 250g
  - バター … 300g
  - 冷水 … 約100cc
  - （季節の湿度によって調整）
  - 塩 … ひとつまみ
  - ほうれん草
  - （葉の部分のみ。塩茹で）… 1/2束分

- フィリング（21cmタルト型1台分）
  - 卵 … 3個
  - 生クリーム（脂肪分30％）… 250cc
  - パルミジャーノ（すりおろし）… 20g
  - サーモン（さいの目切り）… 200g
  - 炒めた玉ねぎ（下記参照）… 60g

ミニトマト（スライス）… 適量

マイクロ春菊 … 適量

炒めた玉ねぎ

材料

- 玉ねぎ（スライス）… 適量
- ひまわりオイル … 少々
- 塩 … 少々

作り方

鍋に玉ねぎとオイルを入れ、塩をふって蓋をし、火にかける。弱火で色が付かないよう、玉ねぎの水分を使い蒸し焼きにする。蓋を開けた時に水分が付いているので、それも戻して透明になるまで炒める。

作り方

1. 粉類は合わせて計量し冷蔵庫に入れておく。バターはさいの目に切って冷蔵庫に入れておく。タルト型は、バター（分量外）をぬって粉を付けておく。

2. フードプロセッサーに**1**の粉とバターを入れ、サラサラになるくらいまで回す。

3. **2**はボールに移し、ボールの壁面に沿わせるようにして水を回し入れ、粉を手で持ち上げるようにして手早く混ぜる。ひとまとまりになったら、玉取りし（1個約170〜180g）、平らにしてラップに包み、冷蔵庫で最低3時間ほど休ませる。

4. 冷蔵庫で休ませた**3**の生地はラップを外し、2枚のラップでサンドして麺棒で均一の厚さに円形にのばす。**1**の型に合わせてしき込み、余分な生地をカットする。焼き縮みの分も計算して型より少し高めに成形したら、冷蔵庫で冷やす。

5. **4**の生地は底面にフォークなどで穴をあけ、アルミホイルをしき、重石を乗せ、170℃のオーブンで20分焼く。**A**

6. フィリングを作る。ボールに卵を割り入れ、よくほぐしたら、生クリーム、パルミジャーノを加え、さらに混ぜて卵液を作る。

7. **6**の卵液うち60ccを取り出し、ほうれん草と共にミルミキサーに入れて回し、**5**の焼き上がったタルト型に流し込み165℃のオーブンで5分焼く。

8. **7**の残りの液に、炒めた玉ねぎ、サーモンを加え、ゴムベラで混ぜ合わせたら、**7**の型に流し込む。**B**

9. 具を均等にならして、165℃のオーブンで10分、向きを変え10分焼く。焼けたら取り出して冷ます。**C**

10. 粗熱が取れたらカットし、皿に盛る。ミニトマト、マイクロ春菊を飾る。

浜名湖産ウズラ卵の白トリュフ風味オーブン焼き

マッシュルームの石突きを取った跡にウズラの卵を入れ、トリュフバターをのせて焼き上げた料理です。ヒントは、イタリアで働いていた時「ポルチーニと卵の組み合わせが非常に美味しい」と聞いていたこと。マッシュルームだけでは物足りないので、トリュフバターを加え、それら茸の風味に負けないよう、ウズラの卵は湖西市の生産者が有機発酵飼料で育てているウズラの濃厚な味わいの卵を合わせます。ウズラの卵は火の通りが早いので、マッシュルームは先に茹でておいたものを使います。オーダーからの調理としては、スチームオーブンに入れて焼くだけ。準備しておけば、5分焼けば出せます。胡椒は、やさしい香りのカンボジア産を使っています。

材料　1人分

マッシュルーム … 5個
ウズラ卵 … 5個
トリュフバター … 適量
パルミジャーノ（すりおろし）… 適量
塩・黒胡椒 … 適量

ベビーリーフ … 適量

作り方

1 マッシュルームは石突きを取り除き、さっと塩茹でする。

2 1のマッシュルームの石突きの跡に、塩、トリュフバター、ウズラ卵を割り入れ、150℃のスチームオーブン約5分で焼く。

3 卵が半熟状になったら器に盛り、パルミジャーノと黒胡椒をかける。ベビーリーフを飾る。

フリッジョーネ(玉ねぎとトマトのペースト)と
モルタデッラのムースのクロスティーニ

ボローニャで馴染みの深い食材2品を使ったクロスティーニです。フリッジョーネは玉ねぎとトマトで作る、ボローニャでは常備菜的に使われているもので、肉のソースとしても使えます。野菜を炒め煮にするこの料理では、野菜のカットの仕方がポイント。繊維に直角に切るか平行に切るかで、甘みや煮崩れ方が違いますので、用途によって使い分けます。トマトはイタリア産と違い、日本のトマトは一般的に水分が多いので、フレッシュで作る場合は水分量を見て、多い場合はトマトピューレを足すといいでしょう。ボローニャを代表するソーセージのモルタデッラは、それだけで前菜になる素材。しかしメニューとして出せない端の部分や、中途半端に余ったりする部分も出ます。そうした部位を、私は冷凍して溜めておき、このムースを作ります。フードプロセッサーでモルタデッラを回したら、クリームチーズチーズ、生クリーム、パルミジャーノと加え混ぜ、黒胡椒で味を調えます。パルミジャーノの塩分があるので、味を見ながら塩は控えめにした方が美味しく作れます。絞り袋に入れて真空にかけておけば、日持ちもします。チーズの塩けとうま味が加わり、モルタデッラそのものよりワインが進む味わいです。

材料　作りやすい分量

● フリッジョーネ
　ラード…30g
　玉ねぎ…2.5kg
　トマト（大）…5個
　トマトペースト…大さじ1
　ローリエ…3枚
　砂糖…15g
　塩…適量

● モルタデッラのムース
　モルタデッラ（さいの目切り）…400g
　クリームチーズ（常温）…500g
　生クリーム…240g
　パルミジャーノ…100g
　黒胡椒…適量

　クロスティーニ…適量
　セルフィーユ…適量

作り方

1　フリッジョーネを作る。皮むきトマトを用意する。ヘタを取らずにトマトを冷凍庫に入れる。冷凍室から取り出し、常温で置くと皮がむけるので、ヘタと皮を取り除き、ざく切りにする。

2　玉ねぎは繊維に直角に薄くスライスし、ボルに入れて塩を加える。

3　玉ねぎがしんなりしたら、ラードとともに鍋に入れ、ローリエ、砂糖を加え、色が付かないようにゆっくり弱火で炒める

4　玉ねぎの水分が無くなったら、1のトマトとトマトペーストを加え、水分が飛ぶ程度に煮る。

5　熱したグリルで焼き目を付けたクロスティーニに1を盛る。

6　モルタデッラのムースを作る。フードプロセッサーにモルタデッラを入れ、細かくする。

7　クリームチーズチーズ、生クリーム、パルミジャーノと加え混ぜ、黒胡椒で味が調える。

8　絞り袋に入れ、クロスティーニに絞る。

9　器に5と8を盛り、セルフィーユを飾る。

3色カラフル人参のサラダ
ブラッドオレンジの香りをのせて

店の人気料理です。地元・大府には熱心な若手の人参農家があり、特に11月〜2月が美味しい時期なので、この時期はよく作ります。いろいろな人参が手に入りますので、ここでは一般的なオレンジの人参に、黄人参、紫人参を加えてカラフルに仕上げました。この料理、元々はイタリアの修業先で教わったもので、当時はオレンジを入れるレシピを、ブラッドオレンジでアレンジしました。真空調理で作るのは、ドレッシングをかけるスタイルだと、野菜がべた付く上、カロリーも高くなるからです。真空調理で作るとドレッシングの量が少なくて済み、カロリーを気にする女性にも安心して楽しめます。しかも30分ほどで味が馴染み、人参のシャキシャキ感が残って美味しくなります。

材料　約20人分

人参（オレンジ、黄、紫）… 2.5kg
ドライレーズン（刻んだもの）… 100g
塩 … 適量

● ベースのドレッシング
　人参（上記人参の端の部分）… 適量
　エシャロット … 1/2個
　蜂蜜 … 50g

A　白ワインビネガー … 100cc
　　E.X.V.オリーブオイル … 300cc
　　ブラッドオレンジジュース … 50cc
　　レモン汁 … 20cc

チコリ … 適量
ピーマンの花 … 適量
E.X.V.オリーブオイル … 適量

作り方

1 人参は、それぞれ皮をむき、長さを揃えて長めにスライスする。端の部分は取っておく。

2 ボールに**1**の切った人参を入れ、まんべんなく塩をふってざっくり混ぜる。

3 しばらくすると人参から水分が出るので、しっかり手で絞る。**A**

4 ベースのドレッシングを作る。ミキサーで**A**の材料を合わせて取っておく。**B**

5 **1**で取っておいた人参の端とエシャロットは、小さくカットし、蜂蜜とともに別のミキサーに入れ、回しながら**4**を少しずつ加え、ドレッシングとする。**C**

6 **3**の人参を真空袋にほぐしながら入れ、レーズンも加える。**D**

7 **6**の袋に**5**のドレッシングを加えたら、手で全体を馴染ませ、真空器にかける。1時間ほどで味が馴染んで使えるようになる。**E**

8 葉をはがしたチコリを器にのせ、その上に**7**を袋から出して盛り付ける。ピーマンの花を飾る、周りにオリーブオイルを流す。

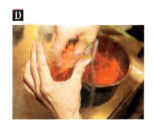

フレッシュブラータチーズの
サラダ仕立て
バルサミコ酢とともに

南イタリアが発祥と言われるブラータは、中にモッツァレラと生クリームを閉じ込めたユニークなチーズで、同じフレッシュチーズでもモッツァレラより鮮度が大事。一週間しか持たないからです。このため輸入品では、賞味期限が極端に短くなってしまいます。ところが日本でも北海道でイタリア人が作っているものがあって、非常にジューシーです。このブラータにトマトとバジルを合わせ、調味料はオイル、塩、胡椒と、バルサミコ酢を煮詰めたソースをかけてシンプルに食べます。バルサミコ酢は煮詰めすぎると甘みが強くなりますので、ここではチーズのまろやかさやオリーブオイルとのバランスを考え、少し酸味が残るくらいに仕上げました。

材料　1人分

ブラータチーズ（フレッシュ）… 1個
ミニトマト（赤・黄・緑）… 計5個
E.X.V.オリーブオイル … 適量
バルサミコ酢 … 適量
塩・黒胡椒 … 各適量

作り方

1 バルサミコ酢でソースを作る。鍋にバルサミコ酢を入れて火にかけ、弱火で2/3くらいの量になるまで煮詰め、冷ましておく。

2 ミニトマトは、それぞれヘタを取って半分にカットする。

3 ブラータチーズは器にのせ、周りに 2 のトマトを並べる。

4 ブラータチーズは切り目を入れたり、中からストラッチャータ（糸状の部分）が出てくるので、そこに塩、オリーブオイル、黒胡椒をかける。周りに 1 のソースをかける。

マニカレット

手打ちパスタを使った前菜です。料理名の「マニカレット」とは、豪華なという意味。その名の通り、トルテリーニをさらにパスタで包んで食べごたえを出します。とはいえ前菜ですので、ポーションは小さくして豪華な印象と味わいを魅力にしました。トルテリーニの具は、かぼちゃとリコッタです。近隣の知多半島周辺では、ピーナッツかぼちゃが作られていて身近な存在ですので、使ってみました。火を通してソースにからめたトルテリーニはパスタで巻き、パルミジャーノをふってオーブンでこんがりと焼きます。外側はカリッと、中はふわっとした食感の変化を楽しんでいただきます。前菜ですので、トマトソースは無くても大丈夫。リコッタが入っていますので、冷めても美味しく食べられる料理です。

154 • Delica and Ristorantino Italiano **La Farfalla**

材料　8人分

かぼちゃ…160g（1/6カットくらい）
セージの葉（みじん切り）…2枚分
リコッタチーズ…50g
生パスタ（以下参照）　12cm角2枚と6cm角16枚
生クリーム（脂肪分30%）　100cc
塩・胡椒…各適量
パルミジャーノ…適量

トマトソース（右下参照）…大さじ4
イタリアンパセリ…適量

作り方

1　かぼちゃは種を取り除き、アルミホイルで包み、170℃のオーブンで約20分焼く。アルミホイルに包んだまま、外側から鉄串が通ればよい。

2　アルミホイルを外し、皮を取り除いて裏漉しし、ボールに入れてセージを加え、温かいうちに混ぜる。

3　2の余熱が取れたらリコッタチーズを加え、ゴムベラで均等に混ぜ、絞り袋に入れて冷やす。

4　6cm角の生パスタに3をのせ、トルテリーニを作る。冷凍庫またはブラストチラーで急速冷凍してから冷凍保存すると、茹でた時に崩れにくい。

5　塩分濃度1%の湯を沸かし、12cm角のパスタを入れて約2分茹で、冷水に取って冷やし、取り出して水分を拭き取る。

6　5の湯に4のトルテリーニを入れて約4分茹でる。

7　別鍋に生クリームを温め、塩、胡椒で味を調え、6を小口に切って加え、からめる。

8　オーブンシートをしいた天板に5のパスタを2枚おき、それぞれの上に7のトルテリーニを8個ずつのせてロール状に巻き、パルミジャーノ、7に汁に残ったソースをかけ、170℃のオーブンで軽く焦げ目が付くまで焼く。

9　8はそれぞれを4カットし、トマトソースをしいた皿に盛る。イタリアンパセリを飾る。

トマトソース

材料　作りやすい分量

サンマルツァーノ（缶）…1号缶2缶
岩塩…50g
玉ねぎ（約4cm角切り）…約400g
にんにく…2片
オリーブオイル…適量
ローリエ…2〜3枚

作り方

1　鍋に、にんにく、玉ねぎ、塩とオリーブオイル、ローリエを入れ、蓋をして弱火にかけ、火を通す。

2　別鍋に、ムーランを使いトマトを漉し入れる。

3　2を中火にかけ、岩塩を入れ、全体をかき混ぜながらアクを取る。沸騰させすぎると酸味が出るので注意する。

4　1のローリエを取り出し、ミキサーでピューレ状にしたら、3に加えて沸騰させない程度に馴染むまで温めてから使う。アクが出てきたら取り除く。

パスタ生地

材料　作りやすい分量

薄力粉…500g
卵…4個
卵黄…2個分
E.X.V.オリーブオイル…10cc
塩…ひとつまみ

作り方

1　ボールに薄力粉を入れ、中央にくぼみを作って残りの材料を入れ、フォークで卵を崩しながら周りの薄力粉を加え、崩しながら、混ぜ合わせとねる。

2　全体がざっくり混ざったらボールから出し、生地に手のひらを使って練る。

3　表面がなめらかになったら丸めてラップに包み、冷蔵庫で最低3時間寝かせる。

4　寝かせた生地は、平らにカットしてパスタマシンでのばす。同じ方向でなく90度ずつ向きを変え、1.5mmくらいにのばしたら、それぞれ2種類の大きさに切る。

ワカサギのオリエンタル風カルピオーネ

油で揚げた魚を香味野菜を入れたマリネ液に漬け込んだ、日本でいう南蛮漬けは、イタリアでは地域によっていろいろな料理名が付いていて、北イタリアではカルピオーネが一般的。その風味付けとして、カレー粉を足しました。カレー粉はイタリア料理でも使われる素材で、「オリエンタル風」とよく名付けられたりします。ここでは魚は、ワカサギを使いました。ワカサギなどの小魚は、味わいも繊細です。揚げ衣に小麦粉を使うと重くて小魚の持ち味が活かせませんので、片栗粉を使いました。身を傷付けないよう、ザルを使って余分な衣を落としたら、高温のオイルでさっと揚げるのがポイント。揚げたてに冷たいマリネ液をかけることで味が良く染み込みます。

材料　10人分

ワカサギ … 500g
塩・白胡椒 … 各適量
片栗粉 … 適量
ひまわりオイル … 適量

玉ねぎ（せん切り）… 中1個分
人参（せん切り）… 1/2本分（約70g）
セロリ（せん切り）… 1/4本分
バナナピーマン（せん切り）… 2本分

● マリネ液
　アルカリイオン水 … 250cc
　白ワインビネガー … 125cc
　蜂蜜 … 25g
　塩 … 5g
　カレー粉 … 3g
　ローリエ（フレッシュ）… 2枚
　E.X.V.オリーブオイル … 30cc

マイクロレモンバーム … 適量

作り方

1 マリネ液を用意する。E.X.V.オリーブオイル以外の材料を鍋に入れ、弱火で沸騰させ、5分ほど温める。

2 野菜を、温かい1に入れ常温で冷ましておく。

3 ワカサギは水洗いし、キッチンペーパーをしいたバットに並べ、余分な水分をきる。

4 3に均等に塩、胡椒をし、揚げる分ごとに片栗粉をまぶし、魚を傷付けないようザルなどで余分な片栗粉を落とす。

5 180℃ほどの高温のひまわりオイルで、4をさっと揚げる。

6 揚がったものは油をきってバットに並べ、冷ましておいた2とE.X.V.オリーブオイルをかけ、ラップして冷蔵庫で一晩保存する。圧力を弱めた真空にかけても良い。

7 冷たい器に盛り付ける。マイクロレモンバームを飾る。

ティジェッレ

見た目にはまるで日本の「おやき」のような、モデナの伝統的な前菜のパンで、同じエミリア地方のボローニャでも見かけます。発酵させた生地を丸め、ボローニャの2つの塔が刻まれた専用の鉄板・ティジェリエーレで焼いたものです。地元では、昔は暖炉の火で焼いていたといいわれ、今でもバーベキューなどの屋外のかまどで焼いたりもします。ただ、鉄板のティジェリエーレは古典的な道具で、生焼けになることもありますので、その場合は120℃ほどのオーブンで軽く火を通してください。今では電気式のものもあると聞いています。焼いたティジェッレは、もう一度温めて横からナイフを入れ、貝のように少しだけ端を残してカットし、エミリア=ロマーニャ州特産のハムやソーセージを挟んだり、もっと古い中世の伝統ではクンツァ(モデナ風ラードのペースト)をぬって食べたりします。温かい生地に脂分と塩けが染み込み、ローズマリーの香りが立ち、ワインによく進む美味しさです。

材料　約5人分　22個

- 生地
  - 薄力粉 … 250g
  - 強力粉 … 125g
  - 牛乳 … 200cc
  - ラード … 60g
  - E.X.V.オリーブオイル … 20cc
  - 塩 … 適量

- A ドライイースト … 2g（生イースト6g）
  - 砂糖 … ひとつまみ
  - 水 … 5cc

生ハム、モルタデッラ … 適量
クンツァ＝モデナ風ペースト（右下参照）… 適量

作り方

1. **A**の材料を小さい器に入れて溶かし、30℃くらいの暖かい場所で少しぷくぷくのなるくらいまで発酵させる。

2. ミキサーに生地の材料を入れて回したら、発酵した**1**を加え、材料が丸くまとまるまで混ぜる。**A**

3. 打ち粉をしたボールに入れ、きちんとラップし、暖かい場所で一次発酵させる。

4. ひとまわり大きくなったら、取り出して1個30gずつに玉どりし、打ち粉をしたバットで二次発酵させる（写真上は発酵前。下が発酵後）。**B**

5. 両面をよく熱したクンツァ焼き型に、二次発酵の終わった**4**の生地を手で軽く広げて入れ、生地が盛り上がるまで両面焼きする。**C**

6. 焼き上がったら、ハムやクンツァとともに器に盛り付ける。食べる際はクンツァを熱して横に切り込みを入れ、ハムをはさんだり、クンツァをぬったりして食べる。**D**

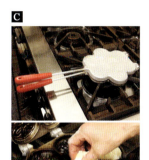

クンツァ＝モデナ風ペースト

材料　作りやすい分量

- ラード … 200g
- ローズマリー … 4本
- にんにく … 2片
- 塩 … 適量

作り方

1. ローズマリーは、葉の部分をみじん切りにする。

2. ミルミキサーでにんにくを細かくし、そこに常温のラード、**1**、塩を加え混ぜ合わせて容器に入れる。

いろいろな魚介のバーニャカウダクリーム

ピエモンテの伝統料理・バーニャカウダ。それをヒントにして、オイルソースではなくクリームを加えたソースで魚介類を手軽に楽しませる温かい一品として、この料理を考えました。ソースには塩は加えず、魚のうま味とアンチョビのみ。アンチョビはフィレをミキサーでペースト状にしておくと、作業に時間はかかりません。ただしアンチョビは種類によって塩分が違いますので、塩よりもアンチョビの量で調整してください。また魚介の味わいを活かしたいため、私はにんにくよりも、ガーリックオイルで香りのみを使っています。オイルソースと違い、クリームを加えることで素材にソースがからみやすいのも利点です。魚介は季節のものを合わせてください。

材料　2人分

牡蠣 … 2個
大アサリ … 2個
サザエ … 2個
スダレ貝 … 2個
大根 … 30g

● **バーニャカウダクリーム**
　生クリーム（乳脂肪30％）… 100cc
　魚のブロード（下記参照）… 50cc
　アンチョビオイル漬け（右下参照）… 3枚
　ガーリックオイル（右下参照）… 小さじ1
　バター … 4g

パン … 適量
シブレット … 適量

作り方

1 貝類は、洗ってバットなどに並べ、コンベクションオーブンをスチームモード100℃にし、温度が上がったらバットごと貝類を入れる。

2 殻が開いたら、ターナーなどで身を取り出しておく。

3 大根は皮をむき、さいの目にカットし、下茹でしておく。

4 バーニャカウダソースを作る。アンチョビは、フードプロセッサーでピューレ状にする。

5 鍋に生クリーム、ブロード、**4**のアンチョビを入れて混ぜ合わせ、**3**の大根を入れて火にかける。

6 **5**が温まってきたら、ガーリックオイルを加えて馴染ませ、最後にバターを加え味を調える。

7 **2**で取り出した貝類の身を入れ、オーブンに入れ温めてからバーニャカウダポットに盛る。キャンドルを点けて温め、トーストしたパンを添える。シブレットを飾る。

魚のブロード

材料　2ℓ分

水 … 5ℓ
鯛のアラ … 2尾分
玉ねぎ（5～6mm厚さスライス）… 1個
人参 … 1/2本
セロリ … 40g
レモン … 1/2個
ローリエ（フレッシュ）… 3枚
にんにく … 小1片
白粒胡椒 … 約5g　　　　塩 … 適量

作り方

1 鯛の頭は梨割りにし、骨の部分とともに水で血と汚れを洗い、水けを切る。

2 沸騰した湯の中に、**1**を頭から順に湯の温度が下がらないよう大きいものから順番に入れ、20秒ほど取り出す。

3 鍋に分量の水を入れ、玉ねぎ、人参、セロリ、レモン、ローリエ、にんにく、粒胡椒を入れて火にかけ、アクを取りながら沸騰させる。沸騰したら周りがグツグツとなる程度の弱火で20分煮込む。

4 シノワで漉し、鯛などが付いているので鍋を洗う。

5 漉した**4**は鍋に戻して火にかけ、塩を加え、アクを取りながら好みの味・濃度になったら完成。

6 保存する場合は粗熱を取り、使いやすい量で真空し冷凍すると便利。

アンチョビオイル漬け

材料

アンチョビ … 適量
ひまわりオイル … 適量

作り方

1 アンチョビ缶をオイルごとミルミキサーで細かくペースト状にする。

2 容器に移し、オイルに浸ってないと表面が劣化するので、足りなければひまわりオイルを足し表面が被るように保存する。

ガーリックオイル

材料

にんにく … 200g
オリーブオイル … 700cc
E.X.V.オリーブオイル … 100cc

作り方

1 にんにくは皮付きのまま、粗く潰す。

2 オイルを入れた鍋に**1**を入れ中火にかける、油温が上がってきたら弱火にし、にんにくを返しながら均等に火を通す。

3 オイルの温度が上がっているので焦げる前に火を止め、にんにくが沈んだらザル等で漉し、E.X.V.オリーブオイルを足して保存する。

浜名湖産ウズラ肉のリピエーノ
自家製バイオレットマスタード添え

私の店ではクリスマスシーズンなどに、鶏1羽を丸ごと使い、骨を抜いて中にポルチーニのリゾットを詰めて焼く料理が、パーティー料理としてよくオーダーをいただきます。そうした特別な日の料理をイメージして、小さめのウズラでちょっと豪華な前菜料理を作りました。ツズラの中には、パルミジャーノ風味のシンプルなリゾットを詰めています。このリゾットには、ウズラの味を邪魔しないよう玉ねぎは入れていません。ウズラ肉とのバランスを考え、少しやわらかめに炊き上げるのがポイントです。またウズラは野性的な味わいで、ジビエの代わりとして出されるほどですので、ソースには巨峰で作ったバイオレットマスタードを添えました。少し甘みがあって個性的なソースがウズラの風味を引き立てます。

材 料　2人分

ウズラ（内臓·骨を抜いたたもの）… 1羽

ウズラのモミジ肉 … 2本

塩麹 … 大さじ1

オリーブオイル … 適量

セモリナ粉 … 適量

リゾット（右記参照）… 140g

丸ズッキーニ（1cm厚さのスライス）… 1枚

薄力粉 … 適量

卵 … 1個

香草パン粉 … 適量

バイオレットマスタード（右下参照）… 適量

ディル … 適量

作り方

1 ウズラは、足の腱部分に、皮が切れないように庖丁で切れ目を入れ、真空袋に塩麹とともに入れ、真空にかけて1日置く。切り目を入れたり塩麹に漬けたりするのは、筋肉が付いていて肉が硬めなので、軟らかくするため。

2 翌日、1を取り出し、塩麹を拭き取り、皮部分を下にして広げる。そこに卵大のリゾットをのせ、ウズラ鶏のように成型し、爪楊枝で留め、鉄串で空気穴を開ける。

3 クッキングシートをしいた天板に3をのせ、オリーブオイルをかけ、160℃のオーブンで皮がカリカリになるくらいまで焼く。フライパンの場合はオリーブオイル熱して3を入れ、フライパンを斜めにして皮の部分にオイルを回しかけながら焼くと、油も少なくキレイに仕上がる。

4 ウズラのモミジ肉は、セモリナ粉を付け、オリーブオイルをかけてオーブンまたはフライパンで香ばしく焼く。

5 別のフライパンにオリーブオイルを熱し、丸ズッキーニに薄力粉、溶き卵、香草パン粉の順で付けて揚げ焼きにしてコトレッタを作り、キッチンペーパーで余分な油を吸わせる。

6 4が焼けたら爪楊枝を抜き、スライスする。

7 5を皿にのせて6を盛り、4を添える。バイオレットマスタードをかけ、ディルを飾る。

リゾット

材 料　4人分

米 … 70g	オリーブオイル … 適量
鶏のブロード（下記参照。温めたもの）… 420cc	
パルミジャーノ … 10g	
イタリアンパセリ（みじん切り）… 適量	
バター… 小さじ1	

作り方

1 オリーブオイルを熱した鍋に米を入れて炒め、表面が白くなってきたらブロードを加える。

2 木べらで混ぜ、パルミジャーノ、イタリアンパセリを加えて混ぜ、塩で味を調える。

3 粘りが出てきたら、最後にバターを加えてかき混ぜる。

4 3はバットに広げ、成形しやすいように冷ます。

鶏のブロード

材 料　2.5ℓ分

アルカリイオン水 … 5ℓ	セロリ … 1本
鶏ガラ … 約500g	ローリエ
玉ねぎ … 中2個	（フレッシュ）… 3枚
人参 … 中1本	岩塩 … 5g

作り方

1 鶏ガラは、流水で血や汚れを洗い流す。

2 オーブンシートをしいた天板に1の鶏ガラをのせ、焼いて油分を落とす。

3 鍋に水、2、野菜、切り目を入れたローリエ、岩塩を入れて強火にかけ、沸騰したらアクを取り、中火にして半量になるまで煮込む。

4 3は味が出たら漉し、冷ます。保存する際は、真空にかけて冷凍する。

バイオレットマスタード

材 料　作りやすい分量

大阪産巨峰（種を除いたもの）… 760g	
レーズン … 100g	赤ワイン … 500cc
マイユ粒マスタード … 270g	
マイユマスタード … 210g	

作り方

1 巨峰はレーズンとともに鍋に入れ、赤ワインを注ぎ、弱火でじっくり煮込む。

2 煮詰まってきたらフードミキサーにかけ、ペースト状にする。

3 2をボールに移し、2種類のマスタードを加え混ぜ合わせる。

「期待感」を高める一皿。季節感

日髙 良実（ひだか よしみ）
フランス料理店での修業後、イタリア料理の魅力にひかれる。86年に渡伊し、「エノテカ・ピンキオーリ」「ダル・ペスカトーレ」などの名店で修業した後、89年に帰国。90年、「アクアパッツァ」総料理長に就任。マスコミなどでも活躍中。

日本の旬の素材で、季節感を演出する

　私にとってアンティパストとは、これから食べる料理への期待感を高めるための一皿。例えばコース料理なら、その導入部として、食べる人に「さあ、これから食べるぞ！」という心と体の受け入れ態勢を作ってもらう料理だと考えています。

　アンティパストは、メニューを限定したものではありません。アンティパストを考える上で私が一番大切にしていることは、旬の食材を取り入れて季節感を演出することです。料理を通して季節を楽しませることは、四季のある日本ではごく自然なことですが、導入部分のアンティパストでは、特にそれが重要な役割だと思います。

　私の料理自体、イタリアの地方料理や伝統料理をベースにするというよりは、日本の旬の素材を取り入れながら、あくまでイタリアの味を自分流のスタイルで形にしたものです。アンティパストなら、素材にとって一番美味しい旬の野菜や生の魚なども主役にできます。そこで素材の持ち味を活かしたアンティパストから、食べる喜びや『アクアパッツァ』らしさを感じていただけたらと思っています。

「アンティパストに冷製パスタ」という自由な発想

　先に触れた「メニューを限定しない」ということ

と自由な発想で、店らしさを

Ristorante ACQUAPAZZA

日髙 良実

で、最も分かりやすい例として挙げられるのが、一般的な店ではプリモピアットでしか出さないパスタを、私の店では冷たいアンティパストとして出すことです。

カラーページで紹介したように、フェデリーニなどの細めの麺を使った少量の冷たいパスタは、その時期の美味しい素材を組み合わせますが、旬を意識させやすいことから、特に魚が多いと思います。

冷たくしたパスタは、つるっとした喉越しを楽しませるためのもの。香味野菜も添えてさっぱりと仕上げ、主役の旬の魚介を、つるっとした食感とともに楽しませることで、食欲を高めるアンティパストに仕立てます。プリモピアットとは違うもので、寿司をちょっとつまむような感覚といえばイメージしやすいでしょうか。これこそ自由自在に表現できる、アンティパストならではの一品と言えるでしょう。

最近は新しい野菜がどんどん出てきて、飽きることがありません。カラフルな野菜は見栄えよく、アンティパストの素材として使い勝手もいいし、お客様も敏感に反応してくれます。新顔野菜の料理には、挑みがいがあります。これからも日本の素材に注目し、個性豊かなアンティパストを生み出していきたいと思います。

Ristorante ACQUAPAZZA

日本の旬の食材を積極的に取り入れ、伝統的なイタリア料理と組み合わせてオリジナリティを高めた、日髙シェフの料理が人気。シンプルな調理法で素材の持ち味を引き出し、日本人好みに軽やかに仕上げられた、都会的なイタリアンが楽しめる。店名にもなっている「アクアパッツァ」は同店の看板料理。ガラス張りの店内は開放感あふれ、料理はアラカルトの他コースの種類も豊富。

- ■住所　東京都渋谷区広尾5-17-10
　　　　EastWest地下1階
- ■電話　03-5447-5501
- ■URL　http://www.acquapazza.co.jp
- ■営業時間　11:30〜15:00(13:30 L.O.)
　　　　　　17:30〜21:00 L.O.
- ■定休日　月曜日
　　　（祝日の場合は翌日に振り替え）

そら豆のピューレをはさんだ
太刀魚の香草パン粉焼き

豆と魚という定番の組み合わせは、口当たりが軽やかで温かいアンティパストに向きます。風味の良い乾燥そら豆は、イタリアではよく使う食材のひとつで、ピューレにすると優しい豆の甘みがグンと引き立ちます。淡泊な太刀魚にもよく合いますので、たっぷりとはさんでなめらかな食感も楽しませます。上にのせた香草パン粉のカリカリとした食感がアクセントとなり、またグリーンと白のコントラストが見た目にも美しく、華やかな印象が食事への期待感を高めます。

材料　作りやすい分量

太刀魚 … 1尾
塩・胡椒 … 各少々
E.X.V.オリーブオイル … 適量

トマト … 適量
粒マスタード … 少々
E.X.V.オリーブオイル … 少々
塩 … 少々

レタス、カステルブランコなどの葉野菜 … 適量
チャービル … 少々

● そら豆のピューレ
　そら豆（乾燥）… 200g
　E.X.V.オリーブオイル … 200cc
　塩 … 少々

● 香草パン粉
　パン粉 … 100g
　イタリアンパセリ … 30g
　ローズマリー … 1枚
　オレガノ（ドライ）… 1つまみ
　にんにく（みじん切り）… 少々
　E.X.V.オリーブオイル … 適量

作り方

1. そら豆のピューレを作る。そら豆は豆のかさの倍量の水に一晩浸けて戻しておく。
2. 翌日、戻した豆を水ごと鍋に入れ、火にかけて柔らかくなるまで茹でる。
3. **2**はザルにあげて湯をきり、ミキサーに移し、オリーブ油を少しずつ加えながら回す。塩で味を調えてそら豆のピューレとする。
4. 香草パン粉を作る。材料をすべてフードプロセッサーに入れて回す。
5. 太刀魚は身割れに注意して3枚におろし、塩・胡椒をふる。
6. 天板にオーブンシートをしき、**5**の太刀魚の半身を皮目を下にしてのせる。その上に**3**のピューレを太刀魚と同じ厚みにのせて均一の厚みに広げる。**A**
7. **5**の残りの半身を皮目を上にして重ねたら、はみ出たピューレを取り除いて形を整える。**B**
8. **7**の上に、**4**のパン粉の1/3〜1/4量をのせ、E.X.V.オリーブオイルをかける。**C**
9. 250℃のオーブンに入れ、8〜10分焼く。
10. 付け合わせを作る。トマトは湯むきして種を取り、粒マスタード、E.X.V.オリーブオイルと塩で調味する。
11. **9**は1人分に切り分けて皿に盛り、**10**をちぎった葉野菜とともに添え、チャービルを飾る。

手長エビの生ハム巻きソテー
ひよこ豆のスープとセージのフリット

見た目にはボリュームはありますが、味わいはアンティパスト向きにあくまで軽めに仕上げた一品です。手長エビは、強火でソテーした生ハムの塩けとうま味をプラス。ひよこ豆はなめらかなピューレにしたものと、そのまま形を残したものを両方使い、見た目と食感で美味しさを感じさせます。仕上げに風味の良いソースとオイルをふり、セージの葉のフリットを添えて爽やかさを出しました。

ジェノヴェーゼソース

材料　作りやすい分量

バジルの葉 … 100g
松の実 … 20g
にんにく … 小1片
塩・胡椒　各適量
E.X.V.オリーブオイル … 150～200cc

作り方

塩・胡椒を除く材料をミキサーでペースト状にし、取り出して、塩・胡椒で味を調える。

ひよこ豆のスープ

材料　750～800cc分

ひよこ豆(乾燥) … 250g
にんにく … 1片
ローズマリー … 1枝
塩 … 適量
E.X.V.オリーブオイル … 少々

作り方

1 ひよこ豆は、一晩水に浸して戻す。

2 1は翌日ザルにあけ、鍋に戻した豆の1.5～2倍の量の水とにんにく、ローズマリー、塩適量を入れ、柔らかくなるまで煮る。

3 2の1/4量を取り置く。残りの豆と茹で汁500ccをミキサーにかけてピューレにし、裏漉しし、ポタージュ状に仕上げる。味をみて塩・E.X.V.オリーブオイルで調える。

材料　1人分

スカンピ(手長エビ) … 1～2尾
パルマ産生ハム薄切り
(0.75～1mm厚さのもの) … 1～2枚
白胡椒 … 少々
強力粉 … 少々
E.X.V.オリーブオイル … 適量

A E.X.V.オリーブオイルまたはレモンオイル … 少々
　 ジェノヴェーゼソース(左記参照) … 少々

ひよこ豆のスープ(左記参照) … 70～75cc

セージの葉のフリット(セージの葉の片面に天ぷらの衣をつけて揚げたもの) … 大1枚

作り方

1 スカンピは130～150gなら1尾、100g以下なら2尾使う。頭・殻・背ワタを取り、軽く白胡椒をふる。生ハムでひと巻きし、強力粉をまぶす。

2 フライパンにオリーブオイルを熱し、強火で両面を香ばしくソテーする。

3 皿に温めたひよこ豆のスープを流し、取り置いた豆も入れる。中央に2を盛り、Aをそれぞれふり、セージの葉のフリットを添える。

カラスミ、数の子、鮮魚の冷たいフェデリーニ あさつきをちらして

パスタ好きの日本人にとっては、アンティパストにプリモピアットとは少し風合いを変えたパスタを提供しても、喜ばれます。アンティパストにこうした冷製のパスタを出すのは、私の店ならではのスタイルの一つです。季節の新鮮な魚と合わせて、1年を通じて提供しています。塩そのものはごく控えめにし、カラスミ、数の子の塩味をきかせるのがポイント。香味野菜の風味と冷たく喉越しのよいフェデリーニが、食欲をほどよく刺激します。

材料　1人分

フェデリーニ … 20g
カンパチ（刺身）… 4切れ
カラスミ（薄切り）… 適量

A 数の子（みじん切り）… 10g
　レッドキャベツスプラウト … 5g
　あさつき（小口切り）… 3g
　E.X.V.オリーブオイル … 10cc

塩・胡椒 … 各適量

作り方

1　カンパチは、塩・胡椒・E.X.V.オリーブオイル（分量外）で下味をつける。

2　フェデリーニは、1％の塩を入れた湯で通常より長めに茹でる。茹で上がったらザルにあけ、冷水に取って締める。

3　ボールに**A**を混ぜ合わせ、**2**のフェデリーニを水けをきって入れ、和える。塩・胡椒で味を調える。

4　皿に**3**のフェデリーニを盛り、**1**をのせ、ボールに残った**3**の具ものせる。カラスミを添え、小口切りにしたあさつき（分量外）をちらす。

なすとトマトのテリーヌ
ダル ペスカトーレ風
モッツァレラとバジルの香り

鮮やかな赤が食欲を誘うアンティパストです。イタリアで働いていた『ダル ペスカトーレ』のスペシャリテをアレンジしました。果実のように甘くジューシーなフルーツトマトは、宮崎県産のもの。調味料は塩とオリーブオイルのみで、果肉とジュースをゼリーのように美しく固めて、冷たいアンティパストに仕上げました。米なすもオリーブオイルでソテーしてうま味を引き出し、塩少々で調味します。シンプルな味付けで旬の野菜の持ち味を引き出した、イタリア料理らしい魅力の前菜です。

材料　テリーヌ型1台分

フルーツトマト … 600g
トマトジュース … 適量（100〜120g）
板ゼラチン … 5g
米なす … 1個
オリーブオイル … 適量
塩 … 適量
モッツァレラ … 適量
バジル … 少々
ジェノヴェーゼソース(169ページ参照)…少々

作り方

1. トマトは湯むきして適当な大きさに切り、種を取る。種は漉して水分を絞る。トマトはザルに入れ、水けがぬけるくらいの塩（1.5%くらい）をし、一晩置いて果肉と水分を分ける。A

2. トマトと種から出た水分は、トマトジュースを合わせて200ccにする。冷水で板ゼラチンを戻しておく。

3. なすは皮をむいて縦に薄切りにする。フライパンにたっぷりのオリーブオイルを強火で熱したら、なすを入れて少し色が付くくらいにソテーし、塩をふる。B

4. 3のなすを取り出し、テリーヌ型にしく。長さの半分が型から出るようにしき詰める。C

5. 4の型の中に、1のトマトの果肉を入れる。D

6. 鍋に2のトマトのジュースを入れて温め、味をみて塩で調え、戻した板ゼラチンを入れる。ゼラチンが溶けたら漉し、氷水にあてて混ぜながら冷ます。E

7. 6を5に流し入れる。むらなく行き渡るよう、ペティナイフや串などで果肉を動かしながら隙間にジュースを流し込み、型からはみ出た部分のなすを、蓋のようにかぶせる。F

8. 冷蔵庫に一晩入れ、冷やし固める。

9. 固まったら約2cm厚さに切り、皿に盛る。モッツァレラを添え、ジェノヴェーゼソースをかけ、バジルを飾る。全体にE.X.V.オリーブオイル（分量外）をふる。

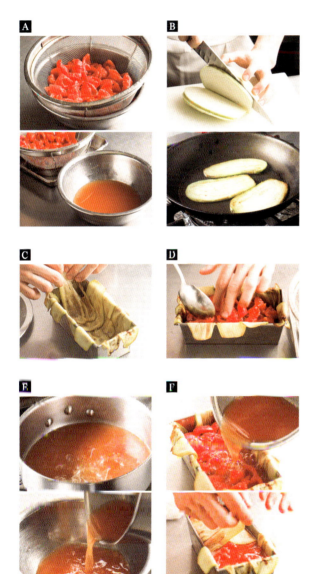

ホワイトアスパラガスの
カルボナーラ仕立て

ホワイトアスパラガスは、ヴェネト州をはじめとした北イタリア産が有名で、地元では旬の春には収穫祭も行われています。そのホワイトアスパラガスをショートパスタに見立て、相性のよい卵をカルボナーラ風のソースにして組み合わせました。パンチェッタはよく火を入れて香ばしさを出し、卵を加えたら弱火にしてなめらかに仕上げます。このような野菜を主役にした料理も、アンティパストならでは。みずみずしい新鮮な旬のホワイトアスパラを、たっぷりと楽しめる一品です。

材料 1人分

ホワイトアスパラガス … 2本

A 卵黄 … 1個
　生クリーム … 大さじ2
　パルミジャーノ（すりおろし）… 大さじ1

パンチェッタ … 10g

野菜のブロード（左記参照）… 大さじ2
レモン汁 … 少々
塩 … 適量
黒胡椒 … 適量

作り方

1 ホワイトアスパラガスは硬い皮をむき、レモン汁と塩少々を加えた熱湯で下茹でし、そのまま冷ます。長さを3〜4等分に切る。

2 ボールに**A**を入れてよく混ぜ合わせ、塩・黒胡椒各少々で味を調える。

3 パンチェッタは細切りにし、フライパンでカリカリに炒める。

4 3に野菜のブロードを入れ、1を加えて温め、弱火にして2も加える。かき混ぜながら火を通し、とろみがついて全体にまとまってきたら、火からおろす。

5 器に盛り、挽きたての黒胡椒少々をふる。

野菜のブロード

材料

水 … 4ℓ
玉ねぎ（スライス）… 大2個分
人参（スライス）… 大1本分
セロリ（スライス）… 大1本分
エシャロット（スライス）… 2個分
パセリの茎 … 2〜3枝

A ローリエ 2枚
　白粒胡椒 … 小さじ1
　トマトの皮 … 適量

作り方

1 鍋に**A**以外の材料をすべて入れ、水（アルカリ水）を注いで弱火で煮る。沸騰してきたらアクを取り除き、**A**を加える。そのまま、静かに煮立てながら約40分煮出す。

2 火を止めてそのまま20分置き、シノワで漉す。

あつあつ茸の白ワイン煮

『アクアパッツァ』のカジュアル版、『アクアヴィーノ』の人気メニューの一つです。にんにくの香りが食欲をそそり、シェアしながらカジュアルに楽しめるアンティパストです。茸を白ワインで煮たら、熱したテラコッタの器に移して、フツフツとしたところを提供。茸のうま味が凝縮された汁も一緒に味わってもらいたいので、パンも添えて出しています。椎茸、山伏茸など、茸はその時々で好みのものを合わせればよいでしょう。

材料　2人分

マッシュルーム・なめこ・たもぎ茸など
　　　　　　　　　好みの茸 … 計200g
にんにく … 1片
オリーブオイル … 50cc
白ワイン … 100cc
塩 … 少々
イタリアンパセリ（みじん切り）… 少々
パン（2cm角）… 適量

作り方

1 マッシュルームは4等分に切り、その他の茸類は石突きを取ってざっとほぐすなど、食べやすい大きさにする。

2 小さい鍋に、つぶしたにんにくとオリーブオイルを入れて火にかけ、泡が出てきたら弱火にし、熱しながらゆっくり香りを移す。こんがり揚げるように加熱する。**A**

3 **2**はにんにくを取り出し、**1**を入れる。途中でオリーブオイルを足しながら強火でしっかり炒め、塩で調味する。**B**

4 茸類を炒めたら、白ワインを注いでアルコールを飛ばし、煮立てる。**C**

5 煮詰まって汁がトロリとしたら、味をみて塩で調える。

6 熱した耐熱性の器に盛り、イタリアンパセリをちらす。軽く焼いたパンを添える。**D**

揚げニョッコ
パルマ産の生ハムのせ

　エミリア=ロマーニャ州の郷土料理で、プクッとふくらんだユニークな形や、手でつまんで食べられるところも楽しく、ワインに合わせる一品として気軽にオーダーできる前菜です。生地はまとめて作っておけるので、急なオーダーにもすぐに対応できる便利な一品です。ただし、揚げた小麦粉生地の香ばしさや食感の柔らかさが身上なので、オーダーが入るたびに生地をカットして揚げたてを出すようにします。生地の熱で上にのせたハムの脂が溶け、ちょうどいい塩加減でいただけます。水はガス入りのほうが膨らみやすく、失敗がありません。

材料　作りやすい分量

強力粉 … 250g
ミネラルウォーター（ガス入り）… 125cc
塩 … 小さじ1
ドライイースト … 1.5g
グラッパ … 小さじ1
生クリーム … 大さじ1/2

生ハム薄切り … 適量
打ち粉、揚げ油（サラダ油）… 各適量

作り方

1 ボールに強力粉、塩、ドライイーストを入れ、軽く混ぜ合わせたら、ガス入りミネラルウォーター、生クリームとグラッパを注ぐ。**A**

2 ボールの中では指先で混ぜ、粉が水けを吸ってざっとまとまる程度にする。**B**

3 **2**は、軽く打ち粉をした作業台に出して練る。手前の生地を手の平を使って持ち上げ、内側に入れるように練る。**C**

4 内側へ内側へと生地をのばして丸め、なめらかになるまで練ったら、ボールにもどしてラップをし、温かい場所に置いて30～40分発酵させる。ひとまわり大きくなればよい。写真右は発酵前、左は発酵後。**D**

5 **4**は作業台に出して、使う分だけ切り取る。オーブンシートにはさんで約5mm厚さにのばす。**E**

6 のばした生地は、パイカッターなどで約4～5cm角に切る。残りはラップで密閉し、冷蔵庫で保存する。**F**

7 **6**のカットした生地は、180℃の高温に熱した油に入れ、生地がプクッとふくらみ、うっすらキツネ色になるまで揚げる。返しながら均一に火が通るようにする。**G**

8 色よく揚がったら、取り出して油をきる。皿に盛り、生ハムを1～2枚ずつのせる。

かりかりに焼いた
チーズとじゃが芋のフリコ

フリコは、フリウリ＝ヴェネツィア・ジュリア州生まれの料理です。いろいろな種類のチーズを使うことで複雑な塩けとコクが生まれ、ワインのつまみとしても最適。粗くおろしたじゃが芋とチーズをじっくり炒めて、外側はカリッと、中はモチッとした食感に仕上げるのがコツです。冷めるとチーズが硬くなってしまいますので、ぜひ作り立てのアツアツを提供してください。チーズは、残った端の部分を利用してもいいでしょう。クセになる美味しさで、今も定番の一つとなっています。

材料　1人分

じゃが芋 … 約100g
半硬質チーズ
(脂肪分の低いもの/パルミジャーノ、フォンティナ、ゴーダ、エダム、タレッジョなど)
　　　　　… 約100g(じゃが芋と同量)
玉ねぎのフォンドゥータ(下記参照)
　　　　　　　　　　　… 大さじ1

作り方

1. じゃが芋は、茹でて皮をむき、チーズおろしで粗くおろす。**A**
2. チーズも、じゃが芋と同様におろす。
3. 小さいフライパンに1、2と玉ねぎのフォンドゥータを入れ、木杓子で混ぜながら弱火でじっくり焼いていく。チーズが少しずつ溶けて全体がまとまってくるので、混ぜたりひっくり返したりしながら、全体に均一に火を通す。**B**
4. 薄い円形にまとめ、うっすら焼き色が付いたら、全体にむらなく熱が伝わるように返しつつじわじわ焼く。
5. 表面はカリッと、中はチーズのトロッとした食感が残るように焼き上げる。こんがりとした焼き色がしっかり付いたら、器に盛る。

A

B

玉ねぎのフォンドゥータ

材料　作りやすい分量

玉ねぎ(厚めのスライス) … 中5個分
クローブ … 5個
ローリエ … 2枚
バター・塩 … 各少々

作り方

1. 玉ねぎは、さっと湯通しする。
2. 鍋に1と残りの材料を入れ、水も少量(分量外)加えて弱火で炒め煮にする。
3. 1時間くらいかけてじっくり火を入れ、水分が足りなくなったら水を足す。焦がさない程度の、最小限の水分量を加えながら、玉ねぎがとろとろになるまで煮たら完成。

181

ウサギのツナ風
ロビオラチーズのアッソルティート
人参とレーズンのサラダ添え

元々はツナのオイル漬けを真似て作った、ウサギ肉の保存食がベースの料理です。甘酸っぱい人参のサラダを添え、アンティパストとして軽く仕立てました。ウサギの肉はしっかり火を通し、乾燥させてからガーリックオイルでマリネしますので、1週間くらいは保存がききます。肉質が淡泊な上、茹でることで脂も落ちますので、ロビオラチーズをのせて少し熱し、馴染ませてコクとボリュームをプラスします。

材料　作りやすい分量

● **ウサギのツナ風（作りやすい分量）**
　ウサギ…1羽

A　にんにく…1片
　セージ…1枚
　塩…適量

B　にんにく（皮ごきをつぶしたもの）…1個
　E.X.V.オリーブオイル…適量

● **紫人参のサラダ（1人分）**
　紫人参（細切り）…1/3本
　レーズン（刻んだもの）…大さじ1
　エシャロット（みじん切り）…小さじ1/2
　E.X.V.オリーブオイル…適量
　赤ワインビネガー…適量
　塩・胡椒…各少々

ロビオラチーズ（薄切り）…2切れ

あさつき（小口切り）…少々

黒胡椒…少々

作り方

1. ウサギのツナ風を作る。ウサギは掃除し、上半身と下半身で半分に切る。厚みのある部分は開き、厚さを均等にする。長い方の辺から巻き込み、細長いロール状にする。タコ糸で縛り、形を整える。**A**

2. 水を張った鍋に**1**と**A**を入れ、煮立てる。肉に竹串がすっと通るまで柔らかく茹でる。**B**

3. 火が通ったら取り出し、1時間ほど乾燥させる。

4. 1cm幅の輪切りにし、合わせた**B**に漬けて一晩マリネする。

5. 紫人参のサラダを作る。ボールにすべての材料を入れてもむ。

6. 皿に**5**のサラダを盛り、あさつきをちらす。

7. **4**は2切れを取り出して油をきり、それぞれにロビオラチーズをのせ、サラマンダーなどで温めてから、**6**のサラダの上に盛り、全体に黒胡椒をふる。

白金豚首肉のグリル
カチョカバッロのソテーとトマトのロースト

岩手県産白金豚は、脂身の質がよく、味わい深くてジューシーなのが特徴。肉自体がセコンドピアットにできる食材です。中でも首肉はインパクトがあって、少ない量でも充分に満足してもらえますので、アンティパストとしても使えます。脂身の美味しさを強調するために、肉はグリルで香ばしく焼き上げるだけにし、ソースとしておだやかな塩けのカチョカバッロと、オーブンで焼いたフルーツトマトも添えます。

材料 2人分

白金豚肖肉 … 40g×2枚
カチョカバッロ … 20g×2個
フルーツトマト … 1個
ルーコラ … 適量

A E.X.V.オリーブオイル … 適量
　赤ワインビネガー … 適量

塩・胡椒 … 各少々

作り方

1 白金豚の首肉は、塩・胡椒各少々をふり、強火で香ばしくグリルする。

2 カチョカバッロは、フッ素樹脂加工のフライパンで油をしかずにソテーする。

3 フルーツトマトは半分に切り、200℃のオーブンで約10分焼く。ルッコラはAと塩・胡椒で調味する。

4 皿に1の肉と2のチーズを一緒に盛り、ルーコラをのせる。3のトマトにはドライのオレガノ（分量外）をふって添える。

素材、調理法、盛り付け、器でも

杉岡 憲敏（すぎおか のりとし）

調理師学校を卒業後、佐倉の「カステッロ」（120ページ）にて修業。その後、イタリア料理店のシェフに就いたり、店の立ち上げなどを仕事を手伝ったりしたのち、東京・新宿の「イル・ピッチョーネ」を経て、2016年2月にオーナーシェフとして独立。

　私の店は、町なかから離れた小さな国道沿いですから、車で来ていただくお客様がほとんどです。わざわざ足を運んでいただくには、それに相応しい満足感がないと長続きしませんので、そのための魅力や独自の個性を強く打ち出しています。

　食材は、なるべく千葉県産の地のものを使います。野菜はもちろんのこと、千葉は東京湾に面した内海と太平洋側の外海がありますので、魚種は豊富ですから、旬の天然物を使っています。

　野菜に関しては、その日使うものはその日に仕入れて、市場では手に入らないものは自分で畑で作っています。自家栽培だと、例えば根付きの野菜も手に入るため、それを活かして調理することで、見た目にも味わいでも個性を出すことができます。

最新機器を駆使して、従来にない食感・味わいを

　料理ジャンルとしての前菜は、料理全体の中でも自由度がすごく高いと思っています。テクニック的にも調理法も、"遊び"ができる。メイン料理で店の個性を出すということはなかなか難しいもので、あまり個性的すぎると、イタリア料理から外れてしまいます。

　しかし前菜料理は、パスタやメインにつなげる料理として、イタリア料理のエッセンスはベースに置きながらも、個性あふれる料理が提案できます。それをお客様の側でも期待されている。そういう意味で

「ワクワク感」を前菜の魅力に

PRESENTE Sugi
杉岡 憲敏

前菜は、作り手にとってもお客様にとっても、楽しい料理だと言えます。

創作性を出すといっても、シェフの独りよがりではお客様に喜んでいただけませんから、私が前菜料理を作るに常に当たって心がけているのは、あくまでもイタリア料理というラインから外れずに、「ワクワク感」をいかに出すかということです。

例えば、今回の料理ページで使ったガストロバックのような最新機器を取り入れたのも、そうした理由からです。減圧状況下での加熱という、自然界ではありえない調理ができる調理機器ですので、今までに食べたことのない食感や味わいの料理に仕上がり、食べたお客様からも驚きの声が上がります。その意味で、ガストロバックは前菜に向く調理機器かもしれません。

私自身、いろいろ調理にチャレンジしたい方なので、興味を持った機器は使ってみるようにしていて、ガストロバック以外にも新しい器具にはアンテナを張っています。

調理以外では、盛り付けも重視している点です。前菜という点を意識したボリュームで、エディブルフラワーやハーブ類を組み合わせ、見た目にも驚きを誘う盛り付けや、飾り付けをします。器もオーダーメイドのオンリーワンのものや、注目のカトラリーを使ったりして、器でもワクワクさせるようにしています。

PRESENTE Sugi

JR佐倉駅から車で10分ほど。イタリアの伝統的な料理のエッセンスを大事にしながら、シェフが自家栽培する野菜やハーブ、季節の地の野菜などを使った料理や、最新の機器・技術を用いた現代的な料理で人気の店。コースは1800円（税別）から多彩に用意。大きな窓と青が基調の店内では、料理に加えて、器やカトラリーに至るまで、独創的な雰囲気を楽しめる。

■住所　千葉県佐倉市白銀2-3-6
■電話　043-371-1069
■営業時間　11:30～15:00
　　　　　　17:30～22:30
■定休日　月曜日

サンマのスモーク現在進行形

旬のサンマは七輪で焼くのが一番美味しいとの考えから、調理法やスモークで薫香や香ばしさを再現し、現代的な料理に仕立てました。サンマは42℃の湯で40分、真空低温調理することで、ふっくらと柔らかな食感に仕上げる一方、皮目はパリッとさせた方が美味しいので、提供前に皮目のみガスバーナーで炙ります。サンマ自体は下味の塩のみとシンプルにし、マッシュした白いんげん豆、ドライトマトを付け合わせにしてイタリアのテイストに仕上げました。スモークに使うチップは、なるべく地元・千葉の木を使い、桜やブナを基本に、ときにはほうじ茶を使うこともあります。なお、サンマに使ったトレハ塩には、味を含ませながら保湿ができるという働きがあります。

材料　1人分

サンマ … 12g
トレハ塩（トレハロース3：塩7）… 適量
白いんげん豆（乾燥）… 20g
E.X.V.オリーブオイル … 適量
塩 … 適量
ドライトマト … 1〜2g
エディブルフラワー … 適量

作り方

1. 白いんげん豆は、たっぷりの水に浸けて戻し、翌日、そのまま火にかけて火を通しておく。
2. サンマは、身の部分にトレハ塩をふり、3時間置く。A
3. 表面に浮いた水分を拭き取り、真空パックに入れ真空にかける。B
4. 3の真空パックは、42℃の湯で40分湯せんする。C
5. 1の豆は、鍋に入れ火にかける。木ベラで潰しながら炒めたら、E.X.V.オリーブオイルと塩で味を調える。D
6. 4のサンマを取り出し、皮目をガスバーナーで焼く。E
7. 密閉できる器に5のいんげん豆、6のサンマ、ドライトマト、エディブルフラワーを重ね入れる。F
8. スモークガンでスモークを入れ、密閉して供する。G

ガストロバックで処理した鱧のフリット

減圧加熱調理器のガストロバックを導入したのは、料理の幅が広がると考えたため。鱧のフリットも、鱧自体に味を入れたいとガストロバックを使用しました。鱧は小骨が多くなかなか味を付けることができません。かと言って、だしで煮込んでしまうと時間がかかりますし、身が崩れてしまいます。そこでガストロバックを使うことで、鱧の骨と昆布でとっただしの風味を、鱧の身に含ませました。合わせるのは、酸味をきかせたきゅうりのソース。関西地方で食べる「鱧胡瓜」のイメージです。

材料　1人分

鱧 … 20g
鱧のだし（下記参照）… 適量

● フリット粉
　00粉 … 300g
　全卵 … 1個
　炭酸水 … 150cc

● きゅうりのソース
　きゅうり … 80g
　塩 … 適量
　E.X.V.オリーブオイル … 10cc
　シェリービネガー … 5cc
　三温糖 … 1g

エディブルフラワー … 適量

作り方

1. 鱧は骨切りし、鱧だしの中に入れる。だしの量は鱧がひたひたに浸る程度でよい。 **A**
2. 1はガストロバックにかけ、常温設定で減圧、常圧戻しのプロセスを3回繰り返した後、冷やす。 **B**
3. 2の鱧はカットし、すべての材料を混ぜ合わせたフリット粉を付け、190℃に熱したサラダオイルで1分揚げる。 **C**
4. きゅうりのソースを作る。きゅうりは粗くすりおろし、水けを絞る。塩、E.X.V.オリーブオイル、シェリービネガー、三温糖で和え、軽く絞る。
5. 器に4のソースを流し、上に3の鱧を盛る。エディブルフラワーを飾る。

鱧のだし

材料　作りやすい分量

鱧の骨 … 4尾分
昆布 … 1枚（10g）
塩 … 18g
水 … 2ℓ

作り方

すべての材料を圧力鍋に入れ、沸騰したら30分加圧する。

黒アワビのサラダ仕立て

アワビを、酸味と合わせて食べていただくことを考えた一品です。アワビの身は白ワインとともに真空低温調理し、柔らかく仕上げました。それをみょうがと一緒にオリーブオイルとルーコラ、シェリービネガーを合わせたソースと和え、酸味とみょうがのピリっとした辛みで食べていただきます。アワビの肝もうま味があるため食べて欲しいと、肝バターにしました。肝バターの風味を合わせるよう、芳醇なバター香のあるクロワッサンを使い、一皿で2つの前菜が楽しめるような仕立てにしました。

材料　15人分

黒アワビ… 1個
白ワイン … 15 cc

● **肝バター**

　黒アワビの肝 … 適量
　バター… 適量
　塩 … 適量

● **ルーコラとオリーブオイルのソース**

　ルーコラ … 適量
　E.X.V.オリーブオイル …ルーコラと同量
　シェリービネガー… 適量
　塩 … 適量

みょうが … 5g
クロワッサン … 5g
セルフィーユ … 適量
エディブルフラワー… 適量

作り方

1 黒アワビは掃除し、身と肝に分ける。

2 身の部分は白ワインとともに真空パックに入れ、真空にかける。42℃の湯で30分湯せんする。一度アワビを取り出し固さを見て、固すぎる場合は5分刻みでさらに湯せんする。柔らかくなったら冷蔵庫で冷やす。

3 フライパンにバターと**1**の肝、白ワインを入れ煮詰める。ペースト状になったら火からおろし、バターと塩を加える。

4 クロワッサンは薄くスライスし、180℃のオーブンで3分焼いて15分置く。

5 ルーコラとオリーブオイルのソースを作る。ルーコラとオリーブオイルをミキサーにかけ、鍋に入れる。80～100℃の状態で30分ほど煮出す。火を消して粗熱が取れたらペーパータオルで漉し、シェリービネガーを合わせ、塩で味を調える。

6 **2**の黒アワビは1切れ15gにスライスし、薄くカットしたみょうがとともに、**5**のソースと和える。

7 **4**のクロワッサンに**3**の肝バターをぬり、180℃のオーブンで3分焼き、刻んだセルフィーユをちらす。

8 器に**6**を入れ、エディブルフラワーを飾り、**7**を器の上にのせる。

再生

魚のアラ、ポルチーニの端材など、捨ててしまうところを"再生"させて前菜の一品にしました。店ではご飯と味噌汁のイメージで、米を使った前菜と合わせて提供しています。魚のブロードとポルチーニのブロードはそれぞれ別に取り、提供前に魚とポルチーニ10対2の割合で合わせて温めます。それぞれのブロードは他の料理でも使用するため、塩は控えめ。そのため提供前に塩で調味します。スープの香りを楽しんで欲しいと、あえて具材は加えません。代わりに柚子を加えることで、風味の変化を提案しました。

材 料　作りやすい分量

● **魚のブロード**
　魚のアラ … 1kg
　水 … 2ℓ
　昆布 … 10g
　塩 … 適量

● **ポルチーニのブロード**
　ポルチーニ (端材) … 適量
　水 … ポルチーニと同量

塩 … 適量
柚子 … 1個

作り方

1 魚のブロードを作る。魚のアラと水を鍋に入れ、火にかける。沸騰したら弱火にし、1時間〜1時間半弱火で煮出す。味が充分に出たら、塩で味を調える。

2 ポルチーニのブロードを作る。ポルチーニの端材と水を鍋に入れ、火にかける。沸騰したら中火にし、香りが出たら火を止める。

3 小鍋に魚のブロードとポルチーニのブロードを、10対2の割合で入れ温め直し、塩で味を調える。

4 グラスに盛り付け、カットした柚子を添える。

伊勢エビとSugi畑

夏野菜であるトマト、秋を知らせる秋なすを一皿に合わせ、夏の名残りを表現しました。また稲を収穫した後の藁で伊勢エビを炙り、藁の香りを移したことも、夏から秋への変換をにおわせる演出です。トマトのソースには穂じその実を加えることで、プチプチと小気味良い食感をアクセントにしました。一方、秋なすには、ガストロバックを使って魚のだしの風味を含ませています。ガストロバックを使うと30分でなすに味が入るので、調理の時間短縮になるのもメリットです。

材料　作りやすい分量

伊勢エビ…1尾
トレハ塩（189ページ参照）…適量
秋なす…1本
魚のブロード（195ページ参照）…適量

● トマトソース

トマト…59g

穂じその実…2g

塩…適量

シェリービネガー…適量

E.X.V.オリーブオイル…適量

作り方

1 伊勢エビは氷水で締め、梨割りにし、身の部分にトレハ塩をふる。

2 藁の上に網を置き、火を点けて。殻のままの伊勢エビをさっと炙り、殻から身を外す。

3 秋なすは皮をむき、180℃のサラダ油で柔らかくなるまで素揚げにする。

4 熱いうちにポットに**3**を入れ、ひたる程度の魚のブロードを加える。

5 **4**をガストロバックにかけ、常温設定で減圧30分、常圧戻しのプロセスを1回行う。

6 トマトソースを作る。トマトは5mm角にカットし、ペーパータオルで水けを絞る。その他の材料と混ぜ合わせる。

7 器に**6**のトマトソースを盛り、輪切りにした**5**の秋なす10g、**2**の伊勢エビ13gを盛り付ける。

インカのめざめの焼きニョッキと
キャビア添え

じゃが芋のニョッキを、茹でずにオーブンで焼き、従来のニョッキとは異なる表現をした一品です。またじゃが芋を薄くカットし、二度揚げしたポテトチップスでニョッキの表面を囲うことで、同じじゃが芋でも2つの食感を楽しめるようにしました。ニョッキ自体はシンプルで、蒸したインカのめざめに卵黄、パルミジャーノを加えたもの。上に飾ったキャビアの塩味が、アクセントになってくれます。

材料　60人分

じゃが芋 (インカのめざめ) … 1kg
卵黄 … 2個分
パルミジャーノ (すりおろし) … 150g

キャビア (1人分) … 3〜4g
ハーブ … 適量

作り方

1　じゃが芋は、中に火が通るまで蒸し、皮をむく。漉し器を使って裏漉しし、冷蔵庫で冷やす。

2　1に卵黄、パルミジャーノを加えて混ぜ、1つ20gに丸める。

3　分量外のじゃが芋を1.5mm厚さにスライスし、160℃のサラダオイルで二度揚げし、チップを作る。

4　2の表面に3のチップを3〜4枚付け、土手を作る。

5　180℃のオーブンで7分焼く。

6　器に5を盛り、上にキャビアをのせ、ハーブを添える。

金目鯛 焼きと生

金目鯛を焼く際のポイントは、鱗のみをカリッとさせ、身の部分を生に仕上げる点です。そのために熱したフライパンでさっと鱗を焼きます。身が小さいと火が入りやすいので、大きさに合わせて加熱時間は調整してください。シンプルに金目鯛を味わっていただくため、下味は塩のみ。金目鯛にはない肉の濃厚さや塩味をプラスするため生ハムを添え、さらに後味のすっきり感が欲しいので柚子果汁を泡に仕立て添えました。

材料　1人分

金目鯛（切り身）… 30〜80g
トレハ塩（189ページ参照）… 適量
E.X.V.オリーブオイル … 適量

柚子の泡ソース（左下参照）… 適量
生ハム … 適量
ナスタチウム … 2枚
エディブルフラワー … 適量

作り方

1 金目鯛は、表面にトレハ塩をふり、1時間置く。切り身が薄い場合は、30分ほどでよい。

2 金目鯛の表面に浮いてきた水分を拭き取り、オリーブオイルを熱したフライパンで、金目鯛の皮目を焼く。**A**

3 **2**の切り身を半分にカットし、器に盛り、上に生ハム、エディブルフラワー、ナスタチウムを飾り、泡ソースを添える。

柚子の泡ソース

材料　作りやすい分量

柚子の果汁 … 500cc
水 … 500cc
レシチン … 10g

作り方

ポットにすべての材料を入れ混ぜ合わせ、エアーポンプを入れ、空気を送って泡立てる。

A

フォアグラとショコラ

フォアグラのテリーヌは、ガストロバックで血抜きをすることで生臭さを取り除くことができます。これにより、フォアグラが苦手なお客様でも「これなら食べられる」と言っていただけます。またテリーヌとともに盛り付けたチョコのかけらは、凍らせてから砕いたものを使いました。テリーヌとチョコのかけらは、どちらも濃厚に仕上げているため、口のなかをすっきりさせたい。そこで紫キャベツのピクルスを添え、酸味によるさっぱり感で一皿をまとめました。

材料 作りやすい分量

● フォアグラのテリーヌ
フォアグラ … 2パック（約1kg）
牛乳 … 2ℓ
塩 … 10g
三温糖 … 適量
生クリーム（乳脂肪分38%）… 適量

● チョコのかけら
ブラックチョコレート … 150g
バター… 100g
E.X.V.オリーブオイル … 50g
卵黄 … 70g
薄力粉 … 40g
卵白 … 90g
グラニュー糖 … 40g

● 紫キャベツのピクルス
紫キャベツ（せん切り）… 1/2玉分
塩 … 適量
三温糖 … 適量
（ピクルス液）
白ワインビネガー… 500g
水 … 50g
セロリ（ざく切り）… 80g
玉ねぎ（ざく切り）… 1/2個分
人参（ざく切り）… 80g
黒粒胡椒 … 10粒

ベビーリーフ … 適量

作り方

1. 紫キャベツのピクルスを作る。ピクルス液は、材料をすべて鍋に入れ、弱火で30分煮たら、冷ましてから漉す。

2. 紫キャベツは塩をしてもみ、水分が出たら絞り、**1**のピクルス液に入れ、塩と三温糖で味を調えて漬け込む。2日目から使えるようになる。

3. フォアグラのテリーヌを作る。ポットにすべての材料を入れ、ガストロバックにかけ40℃設定で減圧40分のプロセスを1回行う。

4. フォアグラを取り出してバットにあけ、血管を手で丁寧に取り除く。塩（分量外）、三温糖で味を調え、テリーヌ型に入れて冷蔵庫で保存する。

5. チョコのかけらを作る。チョコレート、バター、オリーブオイルをボールに入れ、60℃の湯で湯せんにかけて溶かす。

6. 完全に溶けたら卵黄を入れて馴染ませ、ふるった薄力粉を加え混ぜ合わせる。

7. 別ボールに卵白とグラニュー糖を入れ、泡立て器でメレンゲを作る。

8. **6**に**7**を数回に分けて加え、木ベラでさっくりと混ぜ合わせる。

9. 型に流し入れ、180℃のオーブンで15分焼成。粗熱が取れたら冷凍庫で一晩凍らせ、ミキサーで粗めに粉砕し、冷凍庫で保存する。

10. **4**のテリーヌを1皿分だけ取り出し、生クリームを加え固さを調整する。器に**9**のチョコのかけらをちらし、上にテリーヌ、**2**のピクルスを盛り、ベビーリーフを添える。

トリュフ＋ウニ＋米+卵＝Bono

子供から大人まで大好きな卵かけご飯を、贅沢にアレンジした一品です。卵液は、カツオ節を漬けたコラトゥーラを卵黄に加え、だしの風味を高めました。コラトゥーラの洋のテイストに合わせる酢飯の酢は、ホワイトバルサミコ酢で代用。具材には真鯛の刺身とウニ、トリュフをのせ贅沢感を出しました。また米や具材を盛る間際に、器の内側にトリュフオイルを薄くぬるのがポイント。これにより提供時にトリュフの香りがほのかに香り、食欲を刺激します。

材料　作りやすい分量

白米 … 1kg
古代米 … 100g
水 … 1.3ℓ

● 寿司酢
　昆布だし … 20cc
　三温糖 … 80g
　塩 … 20g
　トレハロース … 20g
　ホワイトバルサミコ酢 … 150cc

● 卵黄ソース
　原液（カツオ節50gとコラトゥーラ
　　　200ccを合わせたもの）… 5g
　トリュフオイル … 数滴
　卵黄 … 3個分

● 具材（1皿分）
　真鯛 … 2切れ
　ウニ … 6g
　トリュフ … 1〜1.5g

ハーブ … 適量

作り方

1 古代米は、洗って水に3時間浸しておき、洗って水きりした米と合わせて鍋に入れ、水を加え、火にかける。沸騰したら弱火で15分炊き上げ、濡れ布巾の上にあけて5分置く。

2 寿司酢の材料をすべて合わせ、**1**の米が温かいうちに混ぜ合わせる。粗熱がとれたら1つ25gの小分けにし、ラップで包んでおく。**A**

3 卵黄ソースを作る。ポットにカツオ節とコラトゥーラを入れ、ラップをして冷蔵庫で一晩寝かせ、原液を作る。かき混ぜた卵黄と原液を合わせ、トリュフオイルを加える。**B**

4 オーダーが入ったら**2**の酢飯を蒸らし布で包み、温め直す。

5 器の内側にトリュフオイル（分量外）を薄くぬり、**4**、**3**の卵黄ソース適量、真鯛、ウニを重ね、トリュフをスライスし、ハーブを飾る。

A

B

ウシガエルのフリット 緑の香り

千葉産の食用のウシガエルをフリットにし、セロリとヨーグルトのソースを添えました。
イタリアでもカエルの料理はありますが、個体が小さいものが多い。一方ウシガエルは
個体が大きく、筋肉も発達しているため、筋繊維を断ち切ることで食感がよくなります。
また身に味を含ませるため、ガストロバックでだしとローズマリーの風味を加えました。
セロリとヨーグルトは生クリームや塩と合わせ、エスプーマ仕立てでなめらかなソースに。
セロリ特有の爽やかな風味が、カエルの淡白な味わいを補ってくれます。

材料　作りやすい分量

ウシガエル … 1匹
魚のブロード（195ページ参照）… 適量
ローズマリー… 数本
強力粉 … 適量

● セロリのエスプーマ

セロリ（葉付き）… 200g
プレーンヨーグルト … 450g
塩 … 15g
生クリーム … 500cc

ルーコラとオリーブオイルのソース
　　　　　　　　（193ページ参照）… 適量

ナスタチウム … 適量

作り方

1　ウシガエルをさばき、繊維の多い部位は繊維を断ち切るように切れ込みを入れておく。

2　ポットにウシガエルとローズマリーを入れ、ひたひたに浸る程度の魚のブロードを加える。ガストロバックにかけ、常温設定で減圧30分、常圧戻しのプロセスを3回行う。

3　2のウシガエルは17gの大きさにカットし、表面に強力粉をはたく。190℃のサラダオイルで1分揚げる。

4　セロリのエスプーマを作る。生クリーム以外の材料をなめらかになるまでミキサーにかけ、生クリームを合わせる。エスプーマボトルに300ccを入れ、ガスを注入した状態で一晩置く。

5　器にルーコラとオリーブオイルのソースを流す。4のエスプーマ、3のウシガエルを盛り、ナスタチウムを飾る。

素材、伝統、現代性、「遊び心」の

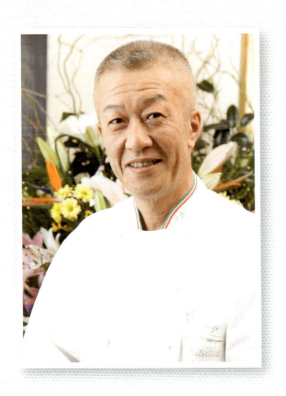

鮎田 淳治（あゆた じゅんじ）
栃木県生まれ。イタリアはローマ、ウンブリア、トスカーナのレストランなどで7年間修業を積んだ後、82年、東京・麻布十番に『ラ・コメータ』を開業。デパートの催事や料理教室の講師として全国を駆け回り、イタリア料理の技術や食文化を伝える。

伝統料理は、現代人が考えるイメージでアレンジ

　私がアンティパストを作るときに意識しているポイントは4つあります。

　まず1つ目は、素材を活かすこと。アンティパストのみならず、イタリア料理全般に言えることです。新鮮な魚介や野菜、肉など、食材の豊富なイタリアらしい、素材重視のアンティパストを楽しんでもらいたいと考えています。

　2つ目は、イタリアの各地方に伝わる伝統料理を出したいということです。パスタは様々な地方の味をミックスして出すことが多いので、その分、アンティパストは伝統のものを出したい。今回ご紹介した「塩鱈のペースト」や「チーズボールのフライ」、「トスカーナ風前菜の盛り合わせ」のブルスケッタなどは、その例です。「チーズボールのフライ」はアブルッツォの伝統料理で、各家庭にある大きなペコリーノをいかにしてすべて食べ切るかを考えた、昔の人の知恵が詰まった料理です。こうしたアンティパストも、昔からイタリアで受け継がれている食文化の一つとして、日本にも伝えていきたいと考えています。

　3つ目は2番目のポイントに関連しますが、昔から伝統料理だけではなく、現代人の考える伝統料理というものも作っていきたいということです。

　私自身、30年以上もイタリア料理に携わってい

4つを調和させ組み合わせる
RISTORANTE ITALIANO　LA COMETA

鮎田 淳治

ますが、昔、イタリアで覚えた料理が時代とともに変わってきていると、最近になって感じます。イタリアに行っても、ここ10年ぐらいで新しい料理に移り変わっている。そこで、今の人たちに向けた、現代的なアンティパストを考えるようになったのです。

例えば、今回「トスカーナ風前菜の盛り合わせ」の「ラルド」は蜂蜜やいちじくを合わせるのが一般的な食べ方です。それを現代スタイルにアレンジして、ブルーベリーのジャムを合わせてみました。「小ヤリイカの野菜詰め」はイカをイカ墨で黒色に煮るのではなく、あえて白く仕上げてソースを黒く仕上げたところに、現代的なスタイルを表現しています。

4つ目のポイントは、"遊び心"のある料理。時代に合わせた料理の必要性も感じていて、少し遊び心を取り入れてみたいと思っています。今回ご紹介した中では、「合鴨とざくろのサラダ仕立て」のソースに使用した「カシスマスタード」がその例です。辛みの中にフルーティな甘みや香りのあるユニークなマスタードを手に取ったとき、「イタリア人なら、これをどう使うかな」と発想を膨らませ、鴨肉に合わせてみました。

まだ日本ではあまり知られていないイタリアらしい素材も、アンティパストの中で伝えていきたい。その上で、新しい素材も少しずつ使って、アンティパストの世界を広げていきたいと考えています。

RISTORANTE ITALIANO
LA COMETA

地下鉄「麻布十番」駅より徒歩1分のビル2階にある老舗リストランテ。本格イタリア料理を楽しませる店の先駆けとして、長きにわたり人気を集める。シックで落ち着いた雰囲気の店内では、イタリア中部・南部を中心に、全土の料理を提供。厳選した素材を用いた料理に加え、鮎田シェフは新たな発想の料理にもチャレンジして評判を得ている。

■住所　東京都港区麻布十番1-7-2
　　　　エスポワール麻布2階
■電話　03 3470-5105
■URL　http://www.cometa.jp/
■営業時間　11:30～14:00 L.O.
　　　　　　17:30～21:30 L.O.
■定休日　火曜日と水曜日のランチ、
　　　　　日曜日、月曜日

塩鱈のペースト ポレンタトースト添え

ヴェネト地方の伝統的な料理です。昔から輸送のため保存性を高める目的で、鱈は塩漬けにされていました。塩鱈と上質のオリーブオイルを合わせるのが昔からの食べ方で、塩漬け独特の香りがあり、塩けも少々強い。そこで味わいをソフトにするため、鱈と同じ白色のじゃが芋をプラスすると、臭みが和らぎ、食感もよりソフトになって食べやすくなります。今回は、ポレンタのトーストにぬって食べてもらうようにしました。

材料　作りやすい量

塩鱈（ボイル）… 300g
玉ねぎ … 50g
人参 … 50g
セロリ … 50g
ローリエ … 1枚
イタリアンパセリ … 1本
にんにく（みじん切り）… 少々
じゃが芋（茹でたもの）… 1/4個分
パセリ（みじん切り）… 適量
E.X.V.オリーブオイル … 適量

● ポレンタ
　野菜のブロード（下記参照）… 200cc
　E.X.V.オリーブオイル …… 小さじ1
　塩 … 少々
　ポレンタ粉 … 約50g

E.X.V.オリーブオイル … 適量
イタリアンパセリ … 適量

作り方

1 水に浸けて一晩置いて戻した塩鱈、玉ねぎ、人参、セロリ、ローリエ、イタリアンパセリ、かぶるぐらいの水を鍋に入れて火にかけ、塩鱈がふっくらとするまで加熱し、冷ます。

2 **1**の塩鱈は中骨と皮を取り、にんにく、茹でたじゃが芋とともにフードプロセッサーに入れてペースト状にする。**A**

3 **2**は、さらにオリーブオイルを加えながら、空気を含ませるように攪拌する。**B**

4 白いクリーム状になったら取り出し、パセリのみじん切りを混ぜる。**C**

5 ポレンタを作る。鍋にブロードを入れて沸騰させ、オリーブオイルを加え、徐々にポレンタ粉を加えて塩で味付けし、硬めの生地を作る。容器の中に流し込み、1cm厚に広げて、冷えたところで油に入れて揚げる。

6 器に**4**を盛り付け、**5**を食べやすくカットして添え、オリーブオイルをかけてイタリアンパセリを飾る。

野菜のブロード

材料　約2.5ℓ分

水 … 4ℓ
玉ねぎ（みじん切り）・セロリ・人参・パセリの軸・ポロねぎ … 合計1kg

作り方

野菜類は、その日掃除して出た野菜くずを使う。寸胴に水と野菜を入れて火にかけ、沸騰したら弱火にし、アクを取りながら30分煮込み、濾して使う。

穴子の赤ワイン煮込み

　イタリアの沿岸地域では大きな穴子が獲れることから、穴子を使った料理が数多く見られます。ここでは、ポルチーニ茸や赤ワインの風味を付けたトマトソースで穴子を煮る、高級感のある料理に仕上げました。下には米粉のピューレをしいています。ポルチーニ茸は香りが出るまでしっかり炒めるのがポイント。穴子は煮込みすぎると身が崩れてしまいますので、ソースに入れて味を含ませる程度に火を通すようにします。

材料　1人分

穴子（中型）…1本
玉ねぎ（みじん切り）…1/4個分
人参（みじん切り）…1/4本分
セロリ（みじん切り）…1/4本分
E.X.V.オリーブオイル　大さじ3
赤ワイン…100cc
トマトソース…200cc
野菜のブロード
（211ページ参照）…300cc
塩…小さじ1
胡椒…少々
ローリエ…1枚
ポルチーニ（乾燥品）…5g
ぬるま湯（ポルチーニ戻し用）…50cc
小麦粉…適量
揚げ油適量

● 米粉のピューレ
　米粉…大さじ1
　野菜のブロード…大さじ3
　E.X.V.オリーブオイル…小さじ1
　塩…少々

イタリアンパセリ…適量

作り方

1. ポルチーニ茸は、ぬるま湯で戻してみじん切りにする。戻し汁は取っておく。
2. 穴子は中骨に沿って庖丁を入れて開き、内臓を取って中骨を切り取る。小骨があるので骨切りをしておく。**A**
3. 鍋にオリーブオイルを熱し、玉ねぎを色付くまでソテーしたら、人参、セロリも加えて炒める。ローリエを入れて蓋をし、野菜がしんなりするまで蒸し焼きにする。**B**
4. 野菜が色付いて香りが出てきたら、**1**のポルチーニ茸を入れ、軽く炒める。**C**
5. 香りが出てきたら、赤ワインを加えて強火でアルコール分を飛ばし、**1**のポルチーニ茸の戻し汁、トマトソース、野菜のブロードを加え、煮立たせてアクを取る。**D**
6. **2**の穴子は、横半分に切ってから4cm幅に切って、塩・胡椒し、小麦粉をまぶしたら、水にくぐらせてから高温の油で揚げる。イタリアのカラッと揚げる技法。**E**
7. **5**に**6**を入れて少々煮込む。**F**
8. 米粉のピューレをつくる。鍋にブロードを入れて沸騰させ、オリーブオイルを加え、かき混ぜながら米粉を少しずつ加え、塩で味付けする。
9. 器に**8**をしいて**7**を盛り付け、イタリアンパセリを飾る。

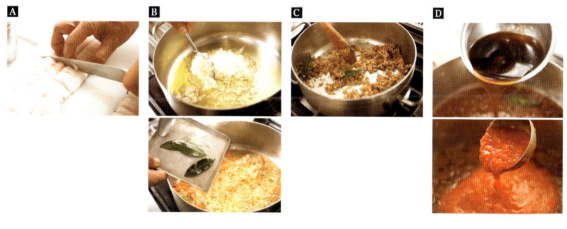

浜焼きサバのスモーク ドライフルーツ漬け

南イタリアの地中海沿岸では、サバを甘めのソースと合わせるのが昔からある手法です。地の食材をうまく活かしてイタリア料理に仕立てる手法は、日本の地方のイタリア料理店でもぜひ取り入れたい発想です。この料理では、福井の郷土料理として知られるサバの浜焼きを使い、ドライフルーツの甘みと香りを活かした「甘酢あんかけ」の発想で仕上げました。非常に脂がのって美味しい若狭湾の浜焼きサバは、桜のチップでスモークにかけ、燻製香を添えています。サバを美味しく食べる一つの提案として、創作を加えました。

材料　1人分

浜焼きサバ … 半身
玉ねぎ … 44g
セロリ … 16g
E.X.V.オリーブオイル … 適量
ヴィンサントビネガー … 20g
魚のブロード（左記参照）… 300cc

A ドライイチジク … 53g
　カレンズ … 12g
　松の実 … 6g
　ヘーゼルナッツ … 6g
　アーモンド … 7g

エンダイブ … 適量

魚のブロード

材料　約1.8ℓ分

水 … 3ℓ
魚の頭・中骨 … 1〜2尾分
穴子の頭・中骨
（焼いたもの）… 中型4尾分
人参 … 1本
玉ねぎ（みじん切り）… 1個分
セロリ … 2枝
日高昆布 … 20g

作り方

材料をすべて寸胴に入れ、強火にかけ、沸騰したら弱火にし、アクを取りながら味が出るまで煮込み、漉して使う。

作り方

1 浜焼きサバは桜のチップで燻製にかけ、小骨を取り除いて大きめにほぐしておく。

2 鍋にオリーブオイルを熱し、厚めにスライスした玉ねぎ、スライスしたセロリを炒める。しんなりしたところでヴィンサントビネガーを加えて少々煮詰め、ブロードと材料 **A** を入れて、味がまとまるまで煮る。

3 容器に **1** を並べて **2** をかけ、一昼夜漬け込む。

4 器に **3** を盛り付け、エンダイブを飾る。

小ヤリイカの野菜詰め

イカの墨煮など、イカ墨を使う古典料理は数々ありますが、これは、現代スタイルのイカ墨料理の一つです。小ヤリイカの頭や中身を挽いて野菜やオリーブなどを混ぜ、イカに詰めました。中に詰めた野菜の彩りを引き立てるため、イカはあえて白く仕上げ、ソースにイカ墨を使います。目でも楽しめる彩りの良さが魅力です。

材料　2人分

ヤリイカ … 小6杯
パプリカ（赤・黄・オレンジ）… 各1/5個
ズッキーニ（皮の部分）… 1/2本分
塩・胡椒 … 各適量
● **イカ墨のソース**
　玉ねぎ（みじん切り）… 小さじ1
　トマトソース（下記参照）… 大さじ1
　イカ墨 … 小さじ2
　E.X.V.オリーブオイル … 適量

飾り用ヤリイカ（茹でたもの）… 適量
イタリアンパセリ … 適量
E.X.V.オリ　ブオイル … 適量

作り方

1 ヤリイカは内臓を除いて皮をむき、ゲソ、エンペラ、身をフードプロセッサーにかけて塩、胡椒で味付けする。

2 パプリカとズッキーニはそれぞれ軽く茹でて5mm角に切る。

3 **1**でフードプロセッサーにかけたイカと**2**の野菜を混ぜ合わせ、**1**のヤリイカの胴の中に詰める。

4 コンベクションオーブンに**3**を入れ、85℃の熱を加える。

5 イカ墨のソースをつくる。オリーブオイルを熱したフライパンで玉ねぎのみじん切りを炒め、トマトソースとイカ墨を加えて沸かす。これをフードプロセッサーにかけてなめらかなソースにする。

6 器に**5**をしき、切り分けた**4**を盛り付ける。ボイルした飾り用のヤリイカを添え、イタリアンパセリを飾り、オリーブオイルをかける。

トマトソース

材料　作りやすい分量

トマトホール（1号缶）… 1缶
にんにく（つぶしたもの）… 1片
セロリ（みじん切り）… 50g
玉ねぎ（みじん切り）… 30g
人参（みじん切り）… 50g
オリーブオイル … 90cc
フレッシュローリエ … 3枚
塩 … 24g

作り方

1 鍋にオリーブオイルと、にんにくを入れて熱し、色付いてきたら、セロリ、人参、玉ねぎ、ロ　リエを加え、玉ねぎが色付くまでソテーする。

2 トマトホールを入れ、30分程度煮詰め、アクを取り、塩で味を調える。

海の幸のサラダ

イタリアで古くから食べられている、スタンダードな魚介類のサラダです。オリーブオイルやレモン汁などで作るドレッシングに、オレンジ果汁を加えて甘みをプラスし、ホテルで味わうようなリッチな味に仕上げました。リーペリンソースでコクとうま味を出すのもポイントです。マリネのように漬け込む手間がないので、素早く作れます。

材料　1人分

アワビ… 小1/4個

ホタテ貝 … 1個

ムール貝 … 1個

アサリ … 1個

天使のエビ … 1尾

ヤリイカ … 適量

飯ダコ … 1/2個

塩・酢 … 各適量

セロリ（スライス）… 1/6本

マーレソース（左記参照）… 大さじ2

グリーンオリーブ、セロリのせん切り、
イタリアンパセリのせん切り … 各適量

マーレソース

材料　作りやすい分量

白ワインビネガー … 40g

リーペリンソース … 小さじ1

レモン汁 … 1個分

オレンジの絞り汁 … 2個分

黒胡椒 … 13g

塩 … 35g

E.X.V.オリーブオイル … 500g

サラダ油 … 500g

作り方

ボールにオリーブオイル以外の材料を入れて混ぜ、ここにオリーブオイルを少しずつ加えながら混ぜ合わせる。

作り方

1　アワビ、ホタテ貝、ムール貝、アサリは殻焼きにし、口が開いたら冷ましておく。

2　エビ、ヤリイカ、飯ダコはそれぞれ下処理し、塩と酢を入れた湯でボイルして冷ましておく。

3　1と2、セロリにマーレソースをかけて和え、器に盛り付ける。グリーンオリーブを添え、せん切りのセロリとイタリアンパセリを飾る。

真ダコと彩り野菜のサラダ

南イタリアでタコを煮る場合、サルサ・ヴェルデとトマトソースの2通りの煮込み方があります。これは、サルサ・ヴェルデで柔らかく煮て、玉ねぎや茸のオイル漬け、ピクルスなどで和えた、昔からあるタコの料理です。野菜の切り方にも様々ありますが、今回はパプリカを三角形に切って可愛らしく仕上げ、遊び心を添えました。

茸のオイル漬け

材料　作りやすい分量

椎茸…1パック
E.X.V.オリーブオイル…50cc
白ワインビネガー…30cc
塩…5g

作り方

すべての材料を鍋に入れて火にかけ、蓋をして水分がなくなるまで弱火で蒸し煮にする。

小玉ねぎのオイル漬け

材料　作りやすい分量

小玉ねぎ…4個
E.X.V.オリーブオイル…50cc
砂糖…小さじ1
塩…3g
野菜のブロード
（211ページ参照）…100cc

作り方

すべての材料を鍋に入れて火にかけ、蓋をして水分がなくなるまで弱火で蒸し煮にする。

材料

● タコの仕込み（作りやすい量）

真ダコ…1杯
ローリエ…3枚
にんにく…1片
塩…小さじ1

● 彩り野菜（1人分）

茸のオイル漬け（左記参照）…8個
小玉ねぎのオイル漬け（左記参照）…2個
ガエタオリーブ…12個
パプリカ（赤・黄）のロースト…各1/5個
ピクルス…1本

イタリアンパセリ…適量

作り方

1 真ダコはよく洗ってぬめりを取り、目とクチバシを外し、ローリエ、にんにく、塩とともに圧力鍋で約30分煮る。

2 パプリカはローストして三角形に切る。ピクルスは斜め切りにする。

3 茸のオイル漬けと小玉ねぎのオイル漬けは、それぞれ5mm角に切り、オイルとともに、**2**、ガエタオリーブを合わせてソースをつくる。

4 **1**の足1本をひと口大に切って**5**と和え、器に盛り付けてイタリアンパセリのせん切りをちらす。

ペコリーノ・バルゼのインヴォルティーニ

個性の強いペコリーノの使い方を広げるために、考えたアンティパストです。トスカーナで羊乳だけで作られている、熟成を浅くしたペコリーノ・バルゼを薄くスライスし、フライパンで溶かしながら焼いて、ポルチーニ茸のソースとソテーした舞茸を巻きました。バルゼの上に溶き卵をかけることで、ペコリーノの強い味わいを和らげ、食べやすくします。このインパクトのあるチーズに合わせるソースとして、ソフトな味のカポナータを使いました。舞茸以外に、パンチェッタやブルーベリーなどを使っても美味しくできます。

材料　テリーヌ型1台分

ペコリーノ・バルゼ…100g
全卵…1/2個
舞茸…1/4パック
E.X.V.オリーブオイル…適量
塩…適量

● ポルチーニソース
　ポルチーニ茸（みじん切り）…大さじ2
　玉ねぎ（みじん切り）…小さじ11
　E.X.V.オリーブオイル…適量

● カポナータ
　赤ピーマン…1/4個
　玉ねぎ…1/4個
　セロリ…1/4本
　ズッキーニ…1/2本
　なす（素揚げにする）…1本
　黒オリーブ…4個
　E.X.V.オリーブオイル…大さじ3
　ホールトマト…約100cc
　ローリエ…1枚
　塩・胡椒…各少々

イタリアンパセリ…適量

作り方

1 中に入れる茸を炒める。フライパンにオリーブオイルを熱し、小房に分けた舞茸を炒め、塩で味付けしておく。

2 ポルチーニソースを作る。オリーブオイルで玉ねぎを炒め、しんなりしたらポルチーニを加えて香りが出るまでさらに炒める。

3 カポナータを作る。鍋にオリーブオイルをしいて角切りにした玉ねぎを炒め、約1cm角に切った野菜を入れて炒める。ホールトマトとローリエを加えて20分ほど煮込み、塩・胡椒で味を調える。

4 フライパンにペコリーノ・バルゼをしき詰め、中火で加熱する。**A**

5 チーズが溶けて底がキツネ色になったら、スプーンなどで溶き卵をかけて全体に広げる。**B**

6 かけた卵が半熟状になったら、中央に**2**をしいて**1**をのせる。**C**

7 ヘラなどを使って縁から持ち上げ、オムレツ状に巻く。**D**

8 皿に**3**をしき、**7**を食べやすく切って盛り付け、イタリアンパセリを飾る。

チーズボールのフライ

元々はアブルッツォの伝統料理で、ペコリーノを使った食べ方を伝える一品です。12ヵ月熟成させて味に深みが増したペコリーノに、ロンバルディア産の硬質チーズ、ロディジャーノのすりおろしを同割で合わせ、溶き卵をつなぎにして成形し、パン粉を付けて揚げます。ペコリーノは高価で味わいもヘビー。その分をロディジャーノで補い、食べやすくします。揚げ油の温度が高いとまわりが焦げてしまうので、150〜160℃に保ちます。

材料　1人分

ペコリーノ (すりおろし) … 大さじ2
ロディジャーノ (すりおろし) … 大さじ2
イタリアンパセリ (みじん切り) … 小さじ1
溶き卵 … 大さじ1/2
パン粉 … 適量
揚げ油 … 適量

エンダイブ … 適量

作り方

1 ボールに2種類のおろしたチーズ、イタリアンパセリを入れ、溶き卵を少しずつ加えながら、材料がしっかりまとめる程度に全体をよく混ぜる。

2 1をひと口大のクネル型に成形し、パン粉をまぶす。

3 150〜160℃に熱した油に入れ、ふっくらするまで揚げる。

4 器に3を盛り付け、エンダイブを飾る。

合鴨とザクロのサラダ仕立て

クセの少ない鴨肉を香草やオレンジの皮とともに真空調理し、白トリュフをかけます。それだけでも充分に美味しい組み合わせですが、これにフランス産でピンク色が美しいカシスマスタードを使ったソースを合わせてみました。カシスの甘さの中にピリッとマスタードのきいた新食材です。これが鴨肉との相性も良く、ザクロソースとは違った味が楽しめます。

材 料　1人分

鴨ムネ肉 … 1枚
E.X.V.オリーブオイル … 100cc
塩・胡椒 … 各適量
オレンンピール … 4枚

A セージ … 2枚
　　タイム … 2本
　　ローズマリー … 2本

● **ソース**
　　カシスマスタード … 小さじ1
　　オレンジの絞り汁 … 大さじ1
　　E.X.V.オリーブオイル … 大さじ1
　　塩 … 少々

ザクロ … 適量
白トリュフ … 適量
サラダ菜ミックス … 適量
フランボワーズドレッシング … 適量

作り方

1 鴨肉に塩、胡椒をふり、オリーブ油を熱したフライパンに皮目を下にしてのせ、強火でソテーする。

2 **1**と材料**A**を真空パックに入れ、65℃のスチームコンベクションで芯温を52℃まで上げ、休ませる。

3 ソースの材料を混ぜ合わせ、ソースを作る。

4 **2**をスライスし、フランボワーズドレッシングで和えたサラダとともに器に盛り、**3**をかける。ザクロと白トリュフのスライスをちらす。

トスカーナ風前菜の盛り合わせ

写真奥から時計回りに
2種類のブルスケッタ（レバーペーストと黒トリュフ）、
白いんげん豆の煮込み、ラルド、ソプレサータ

　トスカーナの食材を意識した盛り合わせです。トスカーナ風のクロスティーニに欠かせない
レバーペーストは、手で丁寧に血抜きした臭みのないレバーを使い、粗めの食感に仕上げ
るのがポイントです。「豆食い」のトスカーナに欠かせない白いんげん豆は、柔らかく煮込み、
シンプルにドレッシングで和えます。ラルドは、2年放牧されて育った豚のラードを薄くスラ
イスしてブルーベリーを巻きます。ソプレサータは、豚足と豚肩肉のゼリー寄せです。

2種類のブルスケッタ

材料　4人分

● レバーペースト
- 鶏レバー…500g
- 玉ねぎ…1/3個
- セロリ…2/3個
- 赤パプリカ…1/2個
- ローズマリー(小)…3本
- トマトソース…160g
- E.X.V.オリーブオイル　大さじ5
- 塩…適量
- ローズマリー(飾り用)…適量

● 黒トリュフペースト
- 黒トリュフ…1個
- E.X.V.オリーブオイル…適量
- 塩…適量
- 黒トリュフ(飾り用)…適量

バゲット…適量

作り方

1. レバーペーストを作る。レバーは切れ目を入れて中を開き、脂肪を取る。**A**
2. 氷水の中でふり洗いをして、中に入っていた血のかたまりを取り、よく水洗いし、水けをきる。この作業を丁寧に行わないと、臭みのあるレバーペーストになる。うま味を逃さないよう、手早く作業するのもポイント。**B**
3. 鍋にオリーブオイルを熱し、玉ねぎ、セロリ、赤ピーマンをそれぞれみじん切りにしたものを入れて炒め、蓋をして弱火で蒸し焼きにする。**C**
4. 赤ピーマンがオレンジ色になったら、ローズマリーのみじん切りを入れて炒め、強火にして**2**を加え、かき混ぜながら水けを飛ばすように炒める。**D**
5. 水分を取ったトマトソースを加えてひと煮立ちさせ、塩で味を調え、バットに広げて冷ます。**E**
6. 冷めたらフードプロセッサーにかけ、小豆大の大きさに粉砕しレバーペーストとする。トーストしたバゲットにのせ、ローズマリーを飾る。**F**
7. 黒トリュフペーストを作る。黒トリュフをフードプロセッサーで粉砕し、オリーブオイルを合わせて塩で味を調える。
8. トーストしたバゲットに**7**をのせ、黒トリュフを飾る。
9. **6**、**7**の2種類のブルスケッタを盛り合わせる。

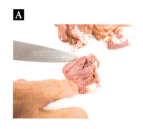

白いんげん豆の煮込み

材料　6人分

白いんげん豆…100g

A セージ…3枚
　　セロリ…1/2本
　　人参…1/4本
　　玉ねぎ…1/2個
　　ローリエ…1枚

B 玉ねぎ（みじん切り）…50g
　　E.X.V.オリーブオイル
　　　…大さじ1
　　塩…5g

イタリアンパセリ…適量

作り方

1. 白いんげん豆を水に一昼夜浸けて戻し、材料**A**とともに柔らかくなるまで煮る。
2. ボールに**1**の白いんげん豆を煮汁ごと入れて材料**B**も加え、合わせる。刻んだイタリアンパセリを合わせて器に盛る。

ソプレサータ

材料　作りやすい量

豚肩肉…1kg
豚足…2本
水…1ℓ

A 玉ねぎ…1個　　人参…1本
　　セロリ…1本　　ローリエ…4枚
　　塩…5g
　　乾燥ハーブ（ローリエ、タイム、セージ）…各4枚

板ゼラチン…20g
肉のブロード（下記参照）…200cc
ピクルス…8本
イタリアンパセリ…適量

作り方

1. 圧力鍋に豚肩肉と豚足、水と材料**A**を入れて、約40分煮る。
2. **1**から豚肩肉と豚足を取り出し、約4cmの大きさにカットする。豚足は骨を外して同じ大きさにちぎる。
3. 鍋にブロードを沸かして火を止め、水で戻したゼラチン、**2**、刻んだピクルスを入れて混ぜる。
4. **3**を10cmのガーゼ袋に入れて冷蔵庫で1日寝かせ、スライスして器に盛る。イタリアンパセリのみじん切りをかける。

ラルド

材料　1人分

チンタネーゼのラルド（1mm厚さスライス）…2枚
ブルーベリー…大さじ2
砂糖…小さじ1

作り方

1. 鍋にブルーベリーと砂糖を入れて加熱し、ジャム状にする。
2. 1mmにスライスしたラルドに**1**をのせて包む。

肉のブロード

材料　5ℓ分

水…10ℓ　　　　玉ねぎ…2個
仔牛の足骨…1kg　人参…2本
鶏ガラ…2羽分　　セロリ…5本
和牛スネ肉…1.5kg

作り方

1. 肉類は、すべて湯引きする。
2. 寸胴に水を張り、野菜を入れて沸騰したところに**1**を入れ、アクを取りながらゆっくりと約5時間煮込み、漉して使う。

アンティパストの技術

発行日　平成29年11月25日初版発行

編　者　旭屋出版 編集部（あさひやしゅっぱん へんしゅうぶ）

発行者　早嶋　茂

制作者　永瀬正人

発行所　株式会社 旭屋出版
　　　　〒107-0052
　　　　東京都港区赤坂1-7-19 キャピタル赤坂ビル8階
　　　　郵便振替 00150-1-19572

　　　　販売部　TEL 03(3560)9065
　　　　　　　　FAX 03(3560)9071
　　　　編集部　TEL 03(3560)9066
　　　　　　　　FAX 03(3560)9073

旭屋出版ホームページ　http://www.asahiya-jp.com

本書は旭屋出版MOOK『スター★シェフのアンティパストの技術』（平成21年刊）に追加撮影し、
再編集・構成、改題し書籍化したものです。

追加撮影　後藤弘行（本誌）、佐々木雅久、間宮 博、徳山喜行

追加取材　虻川実花

デザイン　スタジオ ア・ドゥ

印刷・製本　株式会社シナノ パブリッシング プレス

※許可なく転載、複写ならびにweb上での使用を禁じます。
※落丁、乱丁本はお取替えします。
※定価はカバーにあります。

©Asahiya Shuppan, 2017
ISBN978-4-7511-1313-4 C2077
Printed in Japan